捧 读

触及身心的阅读

尹高洁 著

史记这么读

才有趣

夏商逐鹿

贵州出版集团
贵州人民出版社

图书在版编目（CIP）数据

史记这么读才有趣：夏商逐鹿 / 尹高洁著. -- 贵
阳：贵州人民出版社，2024.1
　　ISBN 978-7-221-17987-6

　　Ⅰ.①史… Ⅱ.①尹… Ⅲ.①《史记》－通俗读物
Ⅳ.①K204.2-49

　　中国国家版本馆CIP数据核字(2023)第209392号

SHIJI ZHEME DU CAI YOUQU：XIA-SHANG ZHULU

史记这么读才有趣：夏商逐鹿

尹高洁　著

出 版 人	朱文迅
策划编辑	张进步
责任编辑	黄　伟
装帧设计	吉&果
责任印制	刘洪珍
出版发行	贵州出版集团　　贵州人民出版社
地　　址	贵阳市观山湖区中天会展城会展东路SOHO公寓A座
印　　刷	宝蕾元仁浩（天津）印刷有限公司
版　　次	2024年1月第1版
印　　次	2024年1月第1次印刷
开　　本	880毫米×1230毫米　　1/32
印　　张	8.5
字　　数	253千字
书　　号	ISBN 978-7-221-17987-6
定　　价	36.80元

目 录

第一章　三英争霸　☆　其实，我们都想当帝王　001

第二章　炎黄对决　☆　把你的天下变成我的天下　014

第三章　放勋治国　☆　治水要找鲧这样的专业人才　028

第四章　重华崛起　☆　倒霉青年的奇遇人生　035

第五章　宫廷政变　☆　岳父的帝位，还是我的　047

第六章　文命复仇　☆　报父仇，一个篡位的借口　060

第七章　文命执政　☆　干了这三件事，我可以瞑目了　071

第八章　夏启夺位　☆　原来的剧本不是那样写的　081

第九章　武观叛乱　☆　老爹，我想跟您学造反　093

第十章　太康失国　☆　打猎很危险，入坑需谨慎　100

第十一章　寒浞灭夏　☆　一个混混的逆袭之路　110

第十二章　少康复国　☆　四十年专心干一件事儿　123

第十三章　　**履癸宠妃** ☆ 把我所有的爱都献给你　　136

第十四章　　**伊挚出山** ☆ 从奴隶到重臣　　144

第十五章　　**商履翦羽** ☆ 谁也别拦我打怪升级　　157

第十六章　　**鸣条之战** ☆ 一战定输赢，筹码是天下　　169

第十七章　　**伊尹篡位** ☆ 没想到你是这样的贤相　　180

第十八章　　**伊陟为相** ☆ 两棵怪树，一场阴谋　　195

第十九章　九世之乱　☆　这些年有点儿乱.　202

第二十章　商旬迁殷　☆　迁都到哪儿，我说了算　215

第二十一章　傅说辅政　☆　一个囚犯的绝地逆袭　222

第二十二章　妇好卫国　☆　是王后，也是将军　232

第二十三章　商载让位　☆　心怀天下，不拘于王位　245

第二十四章　商瞿射神　☆　抵制封建迷信，有错吗？　256

第一章

三英争霸

其实，我们都想当帝王

华夏历史，要从一个"官二代"开始讲起。

四千七百七十多年前，一个叫附宝的年轻姑娘，有一天晚上到祈地的野外去。

本来天气很晴朗，忽然之间就开始打雷了。

附宝姑娘吓了一跳，下意识地抬头看天。

她惊讶地发现一道闪电正绕着北斗七星中的天枢星，发出强烈且奇异的光芒。就好像一条奔腾矫健的龙，衔着一颗璀璨的夜明珠。

我们中国的易学认为，天枢星是智星、吉星，象征着强有力的统治管理。

附宝姑娘这么一看，奇迹发生了：她怀孕了。

根据看电视剧《新白娘子传奇》的经验，我们现在可以肯定：天枢星下凡了，托生到附宝姑娘的肚子里了。

这个天枢星也是够调皮的，居然在附宝姑娘的肚子里折腾了二十四个月，才生了出来。

降临到凡间的这枚天枢星，名字叫作轩辕。

我们的历史学家经过反复推算，最终算出轩辕诞生的时间，是公元前 2750 年农历三月初三。

轩辕哥姓姬，氏有熊，但不能叫他姬轩辕，而应该叫他熊轩辕。

在先秦时期，男人的叫法都是氏＋名，而不能是姓＋名。直到西汉时期，姓、氏合一，才通行姓＋名。

轩辕哥的老爹名叫少典，当时是有熊部落的首领。

少典的创业史，也是很有传奇色彩的。

据说有一次，少典到深山老林里去打猎，累了，就坐在一棵大树下睡着了。朦胧中，感觉有啥东西在推他。他睁眼一看，吓得魂飞魄散。

原来是一只大熊站在他面前。

一般人碰到这种情况，肯定直接"吓尿"了。少典估计也被吓蒙了，根本动不了。

但这时奇怪的事情发生了。

这只大熊非但没有吃他，还跪了下来，向他磕头，并且示意他骑上它的背。

少典翻身骑上大熊的背，大熊驮着他进入了一条大峡谷。

这时，少典看到一头无比巨大的怪兽，在一群熊里面扑杀，有两只熊被怪兽吃掉了。

少典这才明白，这只大熊原来是求他来消灭怪兽的。

于是，他搭弓朝怪兽的喉咙就是一箭，把怪兽射死了。

然后，熊群就成了少典忠实的奴仆，少典可以任意地驱使熊群。

有一年，狼部落前来侵犯少典所在的部落。少典部落寡不敌众，不但死伤了很多人，还失去了大片的土地。

如果没有意外情况出现的话，少典部落最后将被狼部落彻底吞灭。

这时，少典身上的主角光环开始发挥作用。

电影《阿凡达》里，地球人为了开发潘多拉星球丰富的矿产资源，用重型火炮轰炸了纳美族的家园。纳美族损失惨重，连酋长都牺牲了。主角杰克驯服了传说中的神兽魅影，骑着魅影，感召了潘多拉上所有的民族，并吸引了森林里的无数怪兽，一起打败了地球人。

少典就像杰克那样，他召来了一大群熊。熊群嗷嗷直叫，凶猛地扑向狼部落里的人。

在熊群的攻击下，狼部落的人鬼哭狼嚎，丢盔弃甲。

少典最终夺回了土地，重建了家园。

为了感谢熊，少典就把原来部落的名字，改为有熊部落。

接下来，有熊部落不断地向外扩张，最终成了当时中原地带最有实力的部落之一。少典也成就了一代霸业。

轩辕哥从小就听说过老爹的创业史，因此，他希望长大以后，也能像老爹那样，成就一番伟大的事业。

虽然轩辕哥是"官二代"，但他并不娇气，也不飞扬跋扈，待人接物都是十分诚恳。

因此，部落里的人都喜欢这个小伙子。

轩辕哥是少典的二儿子。在那个年代，还没有立长立嫡的制度，部落都是根据贤明和能力来推举下一任部落首领的。

在跟大哥的竞争中，轩辕哥最终胜出，于是，他继任了老爹的职位，成了有熊部落的新首领。

本来大伙儿也就指望着新首领可以带领大家吃饱肚子就行，毕竟在那个氏族时期，大家经常是饱一顿饥一顿，吃了上顿没下顿。

但是很明显，轩辕哥有着更加宏伟的抱负。

他的抱负可不是吃饱肚子这么简单，而是——取代炎帝，成为天下共主。

炎帝其实不是特指一个人，而是一个王朝里所有的帝王。

第一任炎帝，就是大名鼎鼎的神农氏。

神农氏对中华民族的贡献可是巨大的。

在茹毛饮血的原始时代，人们通常只能通过打猎去填肚子。但是猎物哪有那么好打的，今天打了今天有吃的，明天没打着，就等着饿肚子好了。正是神农氏教会了人们种植五谷，让人们可以每天都吃上香喷喷的米饭。

之前，人们吃饭，都是吃"手抓饭"。这样肯定是不卫生的，容易生病。于是，神农氏就教会了人们制作日常生活中必备的各种陶器，像锅、碗、瓢、盆之类的玩意儿。

那时的人们，只能用树叶裹体，有时一不小心，就露出了隐秘的地方。虽然那时人们还没怎么开化，但好歹也有了起码的羞耻心。神农氏便发明了纺布锤，教人们用植物纤维纺纱织布。从此以后，人们就有了粗布衣服穿。

在那个年代，人一旦生了病，基本就是等死。神农氏就到处采集草药。草药千万种，有些是有毒的，有些是无毒的，必须得有人亲口去品尝。神农氏就一棵棵草药地品尝，然后根据草药不同的特性来给人们治病。由此，人们的寿命比之前大大提高了。

鉴于神农氏做出的伟大贡献，人们一致推举他为部落联盟的领袖。

于是，神农氏王朝就此建立。

因为神农氏还很懂火，所以，被称为炎帝。

神农氏就是神农氏王朝的第一位炎帝。

据说，神农氏是在一次尝药时，吃了一条百足虫，英勇牺牲的。

神农氏死后，接下来，就由他的子孙执掌神农氏王朝。

第九任炎帝，名叫榆罔。

榆罔即位的时候，神农氏王朝已经开始衰落。

虽然他是天下共主，所有部落名义上都要听他的，但这时，每个部落心里都有自己的小九九，都想扩大自己的势力范围。

于是，很多部落相互攻伐、侵略，根本不听榆罔的命令，就当榆罔是个透明人。

榆罔很生气。

神农氏列祖列宗的荣耀与高贵，始终是榆罔最引以为豪的东西。

虽然今时不同往日，实力比不上从前，但谁要真不听他的命令，他也会拿出他的手段来，好好教训一下那个不知天高地厚的人。

于是，他就经常起兵，去教训那些不听话的部落。

在榆罔即位第三年的时候，东夷的少昊部落仗着自己强大，公然宣称不向朝中进贡。

不进贡，就意味着反叛。

榆罔勃然大怒，立刻起兵，御驾亲征，率领王朝最精英的部队，浩浩荡荡地杀向少昊部落。

少昊部落听说榆罔亲征，便联合魁隗（wěi）部落共同对抗榆罔。

虽说这两个部落实力也比较强大，但是，在榆罔面前，他们还是嫩了点儿。

在经过一番激烈的战斗之后，榆罔将两个部落击败了。

之后，他把帝都从伊川（今河南省洛阳市）迁到了穷桑（今山东省曲阜市）。

榆罔的事业，就此迎来了最为高光的时刻。

他深信，他将恢复伟大的神农氏王朝昔日的荣耀，神农氏王朝在他的手里，将变得前所未有地强盛。

战胜少昊部落之后，榆罔的自信心无限地膨胀起来。

他认为，我还是天下的老大，所有人，都必须忠于我，听我的命令，如果谁敢违抗我，那就只有死路一条。

他只要看谁不顺眼，就去攻伐谁。

很多部落都比较小，一对一单挑，根本不是榆罔的对手。

于是，很多部落都被榆罔消灭了。

部落们如同惊弓之鸟，在榆罔的征伐下，纷纷投向了另外一位实力强大的部落首领的怀抱。

这位实力强大的部落首领，就是熊轩辕。

轩辕哥这些年来，一直休养生息，很少参与部落间的攻伐。

只因为他明白一点：我的实力还没有足够强大。

军事实力的强大，一定是建立在雄厚的经济基础之上的。

因此，多年来，他施行德政，大力发展农业生产力。在有熊部落，人们过着比较富足的生活。

他一边发展农业生产力，一边整顿军务，训练兵士。有熊部落的士兵，个个训练有素，骁勇善战。因为他们明白一个道理：要想保护好自己的家人过上好的生活，就必须具备强大的战斗能力。

轩辕哥是一名天才军事家，他把自己的军队，分为熊、罴（pí）、貔（pí）、貅（xiū）、貙（chū）、虎六个阵营，每个阵营都有他们不同的功能。

轩辕哥还是一名出色的外交家，他跟远近的部落都保持着友好的关系，谁跟谁吵架了，他还会亲自跑过去调停。往往他一出面调停，吵架的双方立马握手言和。

因此，很多部落都隐隐然把他当成了首领中的首领，也就是所谓的"领袖"。很多部落首领都发誓：只要你轩辕哥一句话，咱绝对赴汤蹈火。

就这样，轩辕哥的名声越来越大，很多部落受到榆罔的攻伐侵犯后，纷纷去投靠轩辕哥。

有熊部落在轩辕哥的经营下，慢慢强大起来了。

最终，有熊部落成了当时最大的部落之一，与中央的神农氏王朝、东边的九黎部落，三足鼎立。

当时九黎部落的首领，名叫蚩尤。

他的爷爷魃（huī），本是神农氏王朝的重要臣属，但因与当时的炎帝发生了矛盾，一气之下就出走了，跑到九黎，建立了自己的部落。

蚩尤的父亲吼，那是更加勇猛，他先后征服了北方八十一个部落，建成了一个势力庞大的联盟集团。

年轻的蚩尤继位时，他知道江山是爷爷、父亲打下来的，怕那些部落首领不服自己。于是他把那八十一个部落的首领叫过来，大块吃肉，大碗喝酒，称兄道弟。八十一个首领见蚩尤虽然年轻，但是很豪爽，其风范气度不输乃父、乃祖，纷纷向蚩尤表示效忠。蚩尤上哪都骄傲地宣称：我有八十一个兄弟！

蚩尤并不满足现有的势力范围，他继承了父亲的遗志，继续向外扩张。

经过多年征战，蚩尤的势力范围已经扩大到整个河北南部，并沿渤海湾往南占据了今山东省北部的德州和聊城一带。

接下来，他的眼光，投向了神农氏王朝所踞的中原。

只有占领中原，才能称霸天下！

称霸天下，就是蚩尤最伟大的梦想！

但是，出兵中原必须有一个很好的理由或借口。你啥理由都没有，贸然就去侵犯人家，是会引起天下公愤的。

于是，有一段时间，他休养生息，静静地等待机会。

在这段时间里，他带着九黎部落兴农耕、冶铜铁、制五兵、创百艺、明天道、理教化。

九黎部落由此更加强大起来，具备了一统天下的实力。

万事俱备，只欠东风。

这个东风，蚩尤苦苦地等待了很多年，终于等到了。

话说当初榆罔把少昊部落和魁隗部落打得落花流水后，这两个部落并不服气，厉兵秣马，总想着找机会向榆罔复仇。

四年之后，这两个部落再次联合起来，出兵攻打榆罔。

刚开始的时候，两个部落兵锋很盛，一路势如破竹，直捣神农氏帝都穷桑。

榆罔虽然年轻，但用兵老到，他一出手，就把联盟军击败了。

魁隗部落的首领，名叫夸父。

很明显，取这个上古神人的名字，老爹是希望儿子能像古代夸父那样成就一番伟大的事业。

但是，这个夸父能力太有限，屡战屡败，就那么点儿家当，给他败得快没了。

不过，他还算有志气，并没有选择投降，而是去找人帮忙。

他找的人，正是蚩尤。

蚩尤此时整天在家里吃肉，正闲得没事干。夸父跑过来，一把鼻涕一把泪，请求他出兵相助，给自己报仇。

本来夸父跟自己没什么交情，犯不着给他卖命。

但是，蚩尤却痛快地答应了。

因为，在那一刻他知道，这就是他一直以来苦苦等待的机会。

蚩尤很兴奋。

他立即召集了八十一个兄弟，豪情万丈地宣称：这一次，我们将攻打炎帝，拿下中原！

八十一个兄弟骑在马上，嗷嗷大叫：拿下中原，拿下中原！

蚩尤这一次集中了所有的优势兵力，南下攻打炎帝榆罔。

在此之前，榆罔基本上是屡战屡胜。

只因为，此前的对手，都是一些实力比较弱小的部落。

当听到蚩尤带兵南下的消息，榆罔还是惊呆了。

因为，他很明白二者的实力对比。

榆罔的部队，大部分都是从王朝下面各个部落里临时征集过来的士兵，平常缺少军事训练，并且使用的武器，基本上是木制和石制的。

而蚩尤的军队则是一支专业化的部队，久经训练，作战骁勇，并且使用的都是铜制的武器。

更加重要的是，蚩尤是一名卓越的军事家，有勇有谋，用兵如神，在当时堪称天下第一猛人，被誉为"战神"。

蚩尤的部队很快就攻到了穷桑。

虽然榆罔用兵老到，但是在绝对的实力面前，他还是抵挡不住。

很快，穷桑就陷落了。

榆罔带着残兵败将，逃回到旧都伊川。

蚩尤占领了穷桑之后，并不满足，他继续带兵，越过黄河，占据了东平湖一带（今山东省泰安市西）。

自此，蚩尤成了中原实力最为雄厚的霸主。

面对蚩尤的步步紧逼，榆罔焦头烂额，此时的他，迫切地需要外援。

环顾天下，有实力能襄助他的，唯有轩辕哥。

于是，他向轩辕哥发出了增援的旨意。

当时的轩辕哥，正经历了一场酣畅淋漓的胜利。

在黄河以北，有一个叫仓颉的部落。

仓颉部落前四代首领，都颇有作为。但第五代首领，却懦弱无能，部落也迅速地衰落了下去。

对于这样一块大肥肉，天予不取，反受其咎啊！

于是，轩辕哥出动优势兵力，一鼓作气，很轻松地就把仓颉部落占领了。

仓颉首领举旗向轩辕哥投降。

由此，轩辕哥实力大增。

接到榆罔的旨意，轩辕哥没有任何犹豫，立刻率军增援。

从名义上来说，炎帝榆罔是轩辕哥的领导，榆罔的旨意他不能不遵奉。

另外一方面，蚩尤实力的壮大，让轩辕哥很是担忧。

蚩尤的实力本来已经是天下第一，如果他把榆罔干掉，那到时蚩尤将无人可挡，整个天下就是蚩尤的了，连轩辕哥到时也不得不臣服于蚩尤。

听到轩辕哥率军增援的消息，榆罔精神大振。

他发出一道旨意，把王朝的所有兵权都交给轩辕哥，盼其毕其功于一役，将蚩尤打败。

轩辕哥趁着蚩尤在前线，便派出一支奇兵，突袭了蚩尤的后方根据地。

蚩尤的眼睛一直盯着榆罔，根本未曾料到轩辕哥会来袭击自己，毫无防备，被轩辕哥偷袭成功，损失惨重。

但战神就是战神。

蚩尤回过神来，发现偷袭他的是轩辕哥，大怒之下，集中了所有优势兵力，挥师北上，向轩辕哥发动了猛烈的反击。

跟蚩尤部队正面相抗，轩辕哥根本不是对手，一时之间，兵败如山倒。

他只好率军，向北退却。

蚩尤此时对轩辕哥恨得牙痒痒，便派出一支军队，进行追击，严令务必把轩辕哥彻底击溃。

可惜的是，他犯了一个重大的错误。

派谁不好，他偏偏派的是夸父。

熟悉历史的人都知道，夸父打仗根本不行，好几次被榆罔打得抱头鼠窜。

轩辕哥的部队本来在没命地跑，生怕给蚩尤追上了。

逃到玉邦河（今桑干河）北岸，轩辕哥才发现追兵不是蚩尤部队，而是夸父部队。

他笑了。

于是，他在北岸设了埋伏，专等夸父。

夸父完全就是那种实心眼的人，有勇无谋。他一心想立功，看到轩辕哥的部队尾巴，喊一声"杀呀"，就傻乎乎一股脑儿冲了过去。

然后，他就被埋伏的军队包了饺子。

夸父左冲右突，根本冲不出去，看样子今天玉邦河就是他魂归之地。

正在他绝望之际，忽然一支军队又冲杀了进来，把轩辕哥的包围圈给打乱了。

来的，正是蚩尤部队。

原来蚩尤刚刚派出夸父不久，就立刻意识到了自己的错误。

就夸父那小子，压根不是轩辕哥的敌手，派他去，简直就是送死。

于是，他忙不迭地亲自率军来救援。

必须庆幸的是，他来得实在是太及时了。

轩辕哥一看蚩尤亲自赶来了，立刻率军继续北逃。

没办法，蚩尤太猛了，天下根本无人敢跟他硬碰硬地干仗。

榆罔本来还指望轩辕哥能把蚩尤打跑，结果轩辕哥自己都被蚩尤打得落荒而逃。

现在，他连旧都伊川都待不下去了。

因为，他的老对手少昊部落和魁隗部落，乘着势头，已经打到伊川城下了。

榆罔只得草草收拾了一下，忙不迭地逃到了更老的旧都榆林（今山西省晋中市东）。

至此，神农氏王朝的土地，丢得只剩下一小块地方了。

但即便如此，榆罔也没有失去信心。

不管如何，他都是神农氏王朝的帝王，在他的身体内，流淌着的是神农氏历代帝王高贵的血液。

他发誓，一定要恢复旧山河。

但是，依靠自己的力量，肯定没法成功。

他现在唯一能做的，就是跟轩辕哥建立起牢固的联盟，然后向蚩尤发起征讨。

在轩辕哥的心中，一直都有一个伟大的抱负：成为天下共主。

即使他被蚩尤打得溃不成军，仓皇逃跑，也不曾放弃那个梦想。

要实现那个梦想，首先就是打败蚩尤。而打败蚩尤的唯一途径，就是跟榆罔联盟。

其实那时的榆罔实力已经很弱小了。

但轩辕哥看中的并非榆罔的实力，而是榆罔的身份。

从名义上来说，榆罔仍然是天下共主——炎帝。

只要有这个身份在，榆罔就拥有着无可匹敌的号召力。

因此，只有借用榆罔的号召力，轩辕哥才能团结一切可以团结的力量，去对抗强大的蚩尤。

此时此刻，离统一天下的目标最近的，是蚩尤。

他本就有雄才大略，兼之实力强大。

更可怕的是，他并非传统意义上的大反派，而是一个深得民心的大英雄。

无论从哪一方面看，他都是统一天下的最佳人选。

在他的身上，几乎没有弱点。他几乎是一个完美的人。

由这样的人来统一天下，任谁也不好说个"不"字。

因此，蚩尤信心满满：纵观天下，谁是我敌手？我不坐江山，谁有资格坐江山？

榆罔，轩辕，蚩尤，他们三个都是那个时代最伟大的英雄。

他们每个人都为中华民族的早期建设做出了伟大的贡献。

但是，很遗憾，这个世界，最终只能容下一个盖世英雄。

成，则王；败，则寇。

最终胜出的那个人，将决定其他两个人的命运。

而所有人的命运，必须通过一次伟大的战争来决定。

那场史前伟大的战争，终于爆发了。

第二章

炎黄对决

把你的天下变成我的天下

◎

休整了两年之后，榆罔与轩辕哥一致认为，反攻的时间已到。

于是，他们组建起了联盟军队，共同讨伐蚩尤。

蚩尤同样组建起了一支强大的联盟军队，包括他那八十一个兄弟，以及少昊部落、魁隗部落。

轩辕哥决定与蚩尤来一次决战。

他们把这次决战的地方，放在了涿鹿（今山西省运城市）。

双方陈兵于涿鹿山下的旷野之上。

从双方实力上来说，蚩尤无疑更加强大，轩辕哥则稍弱。

但轩辕哥并没有避开对方的兵锋，他选择主动进攻。

因为，越是弱小，当你主动发起进攻时，你的气势就会越强盛，力量也就会越强悍。

当轩辕哥主动进攻时，他才发现，蚩尤已经强大到了几乎无法战胜的地步。

不管轩辕哥如何进攻，蚩尤总能发动更加猛烈的反攻。

因此，轩辕哥一次次地进攻，又一次次地失败。

轩辕哥失败的原因，除了蚩尤强大的实力之外，还有一个不容忽视的原因，那就是：天气。

没错，天气。

纵观中华几千年历史，无数次的战争都受到天气的影响。

甚至很多时候，天气成了战争的决定性因素。

涿鹿之战爆发后，正遇上浓雾和暴雨天气。

蚩尤的部队，由几十个部落组成，士兵多数来自多雨的东方。

在这样的雾雨环境里作战，对蚩尤部队来说，就好像在夏天的游泳池里洗澡，别提多畅快了。

因此，面对轩辕部队的进攻，蚩尤部队如同打了兴奋剂，个个嗷嗷叫着，对轩辕部队发动了猛烈的反攻。

而反观轩辕部队，大部分来自中原地带，他们习惯于在晴好的天气里作战。

虽然轩辕部队作战勇敢，但是碰上这种鬼天气，也不由得怨声载道，心情低落。

轩辕哥先后向蚩尤部队发动了九次进攻，都被击退了，损失极其惨重。

虽然蚩尤部队损失也比较惨重，但总的来说，蚩尤是乐观的。

现在，天时、地利、人和，全部都在自己这边，自己没有任何理由不胜。

胜利，仅仅是一个时间问题。

蚩尤深信：当这场战争过后，榆罔将灰溜溜地滚下王座，而他，蚩尤，将成为那个王座上新一代的帝王。

他将彪炳千古。

形势对轩辕哥极其不利。

现在，天气不好，士气低落，如果这种情况继续下去，他可能要成为蚩尤的俘虏了。

对于轩辕哥这种牛人，蚩尤是不会放过的。

只要他失败，等待他的命运，就是成为刀下之鬼。

因此，他极力提振军队的士气。

他要军队不要失去信心，因为最终的胜利，一定会属于我们。

所有的人都感到很奇怪：都到了这种地步了，眼看就要崩溃，你轩辕哥哪来的自信说胜利一定属于我们？

其实，轩辕哥也底气不足。

但是，作为一个领袖，在所有人失去信心的时候，只有他是不能失去信心的。

即使他没有信心，也必须向全军展示出信心来。

因为，此时此刻，只有必胜的信心，才能拯救整支军队。

在最绝望的时候，还能拥有这种必胜的信心，这种人，老天爷都会帮他。

老天爷真的来帮他了。

漫长的雾雨季节，终于过去了。

天放晴了。

那时的军队，最信神鬼。

士兵们曾经听说过，轩辕哥就是天枢星下凡。

天枢星下凡就意味着他终有一天会统治天下。

现在，老天爷果然没有骗人，来帮助天枢星，帮助轩辕哥了。

本来已经被雾雨天气折腾得浑身发霉的士兵们，立马士气大振。

正在这个时候，轩辕哥叫来的救兵——玄女部落，一支有着神奇魔法的军队，也及时赶到。

有一日，涿鹿的旷野上刮起了狂风，把地上的沙尘都卷上了天。

顿时，漫天风沙。

轩辕哥看准这个时机，战旗一挥，号角响起，战鼓擂起，军队如潮涌，在指南车的指引下，向蚩尤部队发起了总攻。

轩辕部队憋了很长时间，实在是给憋坏了，现在碰到这种情形，哪儿还有不拼命的？一顿西瓜乱砍，冲杀了过去。

蚩尤部队为风沙所迷，不知所措，再听到四面都是鼓声和呐喊声，以为轩辕军队已经把自己包围，军心大乱，纷纷丢下武器，四处逃窜。

在这种恶劣天气里，蚩尤军事才能再杰出，也是无可奈何。

他被乱兵裹挟着，骑在马上仓皇逃窜。

这是上天给轩辕哥最好的机会，他岂能让蚩尤逃走！

他兵分两路追击蚩尤，最终在解村（今河北省冀州市小寨乡北），活捉了蚩尤。

士兵们高声欢呼，把蚩尤带到了轩辕哥的面前。

胜利！

这是伟大的胜利！

轩辕哥久久地看着这个多年的老对手。

他曾经无数次地幻想战胜眼前这个人，却被眼前这个人无数次战胜。

他从来没有放弃过，因为他相信，终有一天，一定可以战胜这个人。

现在，前面无数次的失败都不重要了，重要的是，最后一次决战，他战胜了这个人。

蚩尤同样久久地看着这个多年的老对手。

他曾无数次地战胜这个人，他离彻底战胜这个人只有一步之遥。

但是，那一步终究是没有跨过去。

他输了。

他并不服气，但是，眼前的事实又让他必须服气。

他倔强地看着眼前这个人，只是骄傲地说了一句话：给我一个痛快。

轩辕哥没有去劝降，因为他知道，蚩尤这种人，是绝对不会投降的。

并且，他也绝对不会去劝降。

蚩尤，必须死。

只有蚩尤死去，自己才有机会成为天下共主。

轩辕哥挥了挥手，一个士兵把蚩尤带了下去。

一会儿工夫，士兵捧着蚩尤的头颅走进帅营。

那颗头颅，怒目圆睁，甚是吓人。

轩辕下了一个指令：把这颗头颅，传示给全国所有的部落。

当所有的部落看到蚩尤的头颅后，他们知道，这个天下，已经是轩辕哥的了，不必再以卵击石，去跟轩辕哥为敌了。

这个世界永远是成王败寇。

在传说当中，轩辕哥是那个一身正气的代表，而蚩尤是作为反派角色出现的。

但是，抛去所有的历史成见，站在当时那个特定的时代，蚩尤，仍然是一位伟大的英雄。

他为中华民族早期建设做出的贡献，他东征西讨立下的赫赫战功，他在他的人民当中仁义无双、智勇双全的形象，决不会因为他的失败而有半点的失色。

他始终是我们中华民族永远要记住的始祖之一。

战争结束了，轩辕哥的声望达到了顶点。

现在，所有的人都知道，轩辕哥是老大，他们纷纷称颂轩辕哥的丰功伟绩。

手下建议：轩辕哥你取得的功绩震古烁今，必须去泰山封禅。

轩辕哥接受了这个建议。

于是，他率领着部队，来到了泰山。

他登上泰山，举行了旷世隆重的"封泰山"仪式。

之后，他任命了一名叫少皞清的人，成为统领包括九黎部落在内的东夷集团的新首领。

这个少皞清，百分之百听从轩辕哥的命令。

如此，轩辕集团与东夷集团联合了起来，伟大的华夏民族实现了初步的融合。

办完这些大事后，轩辕哥才率兵返回有熊部落。

听到轩辕哥战胜蚩尤的消息，待在帝都榆林的榆罔原本很高兴。

他还大宴群臣，大肆庆祝。

轩辕哥名义上仍然是他的下属，所以，在他看来，轩辕哥的胜利，就是他的胜利。

这样看来，神农氏已然恢复了昔日的荣耀。

但是，当他听到轩辕哥去泰山封禅的时候，他的脸色变了。

因为，"封泰山"这种事情，只有真正的帝王才有资格去做。

换句话说，这种事情只有他炎帝榆罔才有资格去做。轩辕，他凭什么去做？这不是大逆不道吗？这是想谋反吗？

他不知道的是，此时的轩辕哥早已不是那个对他称臣的轩辕哥了。

在轩辕哥的心里，这个天下，已然是自己的了。

至于那个榆罔，跟傀儡没什么两样。

但是，轩辕哥不需要傀儡。

他需要的，是自己代替榆罔，成为真正意义上的帝王。

在榆罔的身边，自然有轩辕哥的人。

那些人劝说榆罔，说天下已经是轩辕的天下，大王你该让贤了。

榆罔感到前所未有的气恼和羞辱。

神农氏王朝，绝不能在他手里断绝。

宁可死，也不能放弃祖宗传下来的江山。

他在榆林那个小地方，发出了属于他的最强音：征伐轩辕，为国讨贼！

即使他知道自己毫无胜算，即使他知道自己必死无疑，他也要维护他作为帝王最后的尊严。

榆罔不愧是榆罔，常年用兵，极其老到。

他亲率一支部队，以闪电般的速度，赶到了有熊部落的都城下。

他趁轩辕哥没有防备，先发制人，采用了火攻。

整个都城外，顿时一片火海，浓烟滚滚。

有熊部队尽数被困在了城中。

榆罔看着绵延数里的大火，眼中放射出兴奋的光芒。

他知道，他还有机会。

尽管遭到偷袭，但轩辕哥并不慌张。

这么多年来，他打过无数次仗，许多次都从死神的嘴边逃脱。

他相信，凭他现在的实力，榆罔根本不是他的对手。

他迅速派出了军民去灭火。

等到火势减弱，他亲自率领所有优势兵力，冲出城门，杀了榆罔一个措手不及。

在轩辕哥军队的引诱之下，榆罔被迫来到了阪泉之野（今山西省运城市永济县蒲阪镇）。

阪泉，将成为决战之地！

两军对垒，旌旗猎猎飘扬。

两军阵前，榆罔与轩辕各自站在战车上，望着对手。

榆罔：这个人，曾经是我神农氏王朝的臣属，现在，他要取我而代之。

轩辕：这个人，曾经是我高高在上的君王，现在，我要取他而代之。

亘古至今，两个曾经精诚合作、惺惺相惜的英雄，即将决一死战。

榆罔似乎已经预感到自己的结局，他悲愤交集，嘶声叫道：

杀！——

杀！——

杀！——

榆罔的王师，成了最后的敢死队。他们像出笼的饿狼，向轩辕部队扑了过去。

轩辕哥微微地笑着。

一切都在他的掌握之中。

这是强大的实力给予他的底气。

他叮嘱属下：我们只和炎帝斗智斗勇，不要硬碰硬。

然后，他还加了一句：万万不可伤害炎帝！

如若伤害炎帝，斩！

当榆罔的敢死队冲到半道，轩辕哥战旗一挥，营中竖起了一面七星大旗，摆开了星斗七旗阵法。

这是轩辕哥独自上博望山拜师学来的阵法。

这个阵法变化多端，只会猛冲猛杀的榆罔敢死队，一旦进入阵法里，根本不知所措。

一时之间，敢死队真的就纷纷跳进了死神的陷阱，再也没有出来。

两军对峙了三年，榆罔一直没能破解这个星斗七旗阵法。

他只能利用阪泉高耸的悬崖做屏障，站在悬崖上遥遥观望。

哪晓得轩辕哥只不过是拿这套阵法做掩护。

阵前，他令军队不断展示阵法；暗地里，他却令人悄悄地挖地洞。

这个地洞，通向榆罔中军大营。

一日，就在榆罔的寝帐里，几个士兵突然从地下跳出来，以迅雷不及掩耳之势，活捉了榆罔。

士兵把榆罔捆绑着带到了轩辕哥面前。

轩辕哥赶紧上前，给榆罔松了绑，然后恭恭敬敬地把榆罔请至上座。

虽然轩辕哥称帝的野心早已昭然若揭，但是，表面上，他绝对不会羞辱这个名义上的领导。

他必须给予榆罔最大的尊重。

此时的榆罔，后悔不已，也羞愧不已。

跟蚩尤一样，他但求一死。

但是，轩辕哥决不会杀他，反而好吃好喝地招待他。

虽然多年来榆罔四处征伐，但对天下子民，他一直都实施仁政，仍然为天下人民所敬仰。杀掉榆罔，从道义上，是得不到天下人的认同的。

从政治上来说，留下榆罔，是最正确的选择。

榆罔被俘的消息传遍了天下。

至此，天下形势大定。

轩辕在涿鹿这个地方，正式称帝。

因为他以土德称王，土色为黄，轩辕的帝号，便是"黄帝"。

神农氏王朝就此灭亡，黄帝王朝正式建立。

这标志着，炎帝与黄帝两个联盟正式血肉相连，华夏民族正式统一。

我们，是炎黄子孙。

末代炎帝榆罔，不得已，在轩辕的登基大典上，向他叩首跪拜。

轩辕封榆罔为部落首领，封地在洛水卢氏城（今河南省三门峡市卢氏县）。

此时的榆罔，保持着他作为炎帝最后的尊严。

他拒绝受封，只愿从此做一个普通老百姓，度此余生。

轩辕对此表示理解。

大典过后，榆罔带着家人，跋山涉水，一路到了湖南茶乡（今湖南省株洲市茶陵县），在这里定居了下来。

他的祖上神农氏，是中华民族的药神。

虽然自己是帝王，但作为子孙，从来不敢忘却祖宗的技能。

他亲自上山采药、品药，医治生病的百姓。

必须承认的是，他是一个很好的医生，救死扶伤，为当地人民的健康事业做出了杰出的贡献。

二十年后，他病逝于茶乡。

他去世的时候，当地百姓悲痛不已。

甚至整个华夏大地的百姓，都陷入了深深的悲伤之中。

轩辕特意下旨，以帝王之礼，给榆罔举行了国葬。

榆罔最终葬于霞阳（今湖南省株洲市炎陵县霞阳镇）。

经过几十年的征伐，轩辕终于实现了他二十岁时的抱负：成为天下共主。

一个人的梦想有多大，他的格局就会有多大，他干出来的事，就会有多大。

无论轩辕曾经多么弱小，无论轩辕曾经遭遇过多少失败，他从来都没有放弃他伟大的抱负。

轩辕奠定天下之后，开始实施一系列伟大的政策，这些政策无不对我中华民族产生了深远的影响。

他提出"以德治国"的政策，让后世帝王、大臣从骨子里都认同这个理念。

他建立了古国体制，从最大的州、师一直划分到最小的邻、井，确立了国家从上到下良好的秩序。

他设置了官职，从三公到九德，让统治者从此能够很好地管理国家。

他让容成发明了历法，让隶首发明了算术，让仓颉发明了文字。

另外，在农业、医药、音乐等方面，他都做出了不可取代的伟大贡献。

黄帝，中华民族第一人，当之无愧！

轩辕驾崩后，他的儿子己挚继位，是为白帝。

老子英雄儿狗熊。这句话放在轩辕、己挚父子身上，真是再贴切不过。

没有对比就没有伤害。轩辕实在是太成功了，光芒太耀眼了，一比照，己挚实在是太平庸了。

己挚在位八十四年，一辈子混吃等死，一件有意义的事都没有做过。

儿子如此平庸，那孙子如何？

孙子的名字，叫颛顼（zhuān xū），是己挚的侄子。

严格来说，颛顼比己挚还是要高明很多。

他深沉有智谋，通达明事理。因为辅佐伯父有功，他被封为高阳部落的首领。

己挚死后，他就跟共工争夺帝位，最终成功胜出，是为玄帝。

昭这个谶象看来，颛顼很有潜质成为一名雄才大略的帝王，所有人也对他寄予了极大的厚望。

只可惜，颛顼让大家失望了。

他在位七十九年，几乎没干过一件正经事，跟他的伯父一样，一辈子基本上也是在混吃等死。

如果硬要说他干过的一件正经事的话，那就是他下令让女人在路上遇到男人的时候，必须恭恭敬敬地站在路边，让男人先走。

如果有的女人是比较强势的那种，不让男人先走，那咋办？

很好办，颛顼命令，这样不懂礼数的女人，就把她放逐到蛮荒之地去。

这个政策一出，全天下的男人都拍手称快，无不称颂颛顼的贤明与伟大。

就因为干了这么一件荒唐事，他居然被后世圣贤誉为"五帝"之一，排名在黄帝之后。

圣贤们，你们是"睁眼瞎"吗？

圣贤们眼睛瞎了一次还不够，接下来，瞎了第二次。

这一次，瞎得更厉害。

颛顼死后，他的侄子俊继位，是为喾（kù）帝。

喾帝做出的事情并不酷，他在位七十一年，连颛顼"女人让路"那样的荒唐政策都没有出台过。论平庸指数，直接超越己挚。

可是，就是这样一位平庸的帝王，后世圣贤硬生生地把他排进了"五帝"之一。

平庸至死的俊死后，儿子挚继位了。

这位公子哥儿比他老爹还不如。

俊虽然平庸，一辈子好歹也是人畜无害。

但挚就不同了，他完全抛弃了老祖宗定下的"以德治国"的优良传统，昏聩不明，荒淫无道，暴虐成性，残忍乖张。

一句话，这辈子所有你能想到的坏事，他都干尽了。

他是历史上第一个有名有姓的暴君兼昏君。

必须庆幸的是，这样的暴君没有得到好的下场。

在一场政变当中，他被杀死了。

而那场政变的最终受益人，是他的弟弟——放勋。

放勋，就是后来鼎鼎大名的尧帝。

第三章

放勋治国

治水要找鲧这样的专业人才

◎

作为远古时代最有名的帝王之一，放勋的诞生，充满了神异的色彩。

他的母亲叫庆都，是訾帝俊的妃子。但奇怪的是，她嫁给俊后，并没有进宫，而是留在娘家。

话说某年某月的某一天，庆都与父母在一条小船上游玩，正午时分，忽然看到天上出现了一条飞舞的赤龙。到了晚上睡觉的时候，庆都朦胧当中感觉一条赤龙扑到了她的身子里，醒来的时候，发现身边还有一张画，画上是一个漂亮的小孩。这之后，她就怀孕了。

过了十四个月，庆都生下了一个儿子，竟然跟画上的孩子一模一样。

我们完全有理由相信，这是后来放勋为了让自己的登基合理合法，编出来的鬼把戏。

没办法，古代人没什么科学知识，就信这一套。

庆都生儿子的那一年，俊的母后去世了。

按规矩，他得服孝三年。

于是，在那三年里，他根本顾不上庆都和那个没见过面的儿子，只顾着守孝。

可奇怪的是，三年服孝期过后，他也没把庆都和儿子接回宫里来。

唯一的解释只能是，他的妃子和儿子实在是太多了，他把这母子两人忘了。

这一忘，就是十年。

所以，在这十年的时间里，庆都就带着儿子住在娘家。

好在庆都的娘家也是官宦人家，父亲是部落首领，家里吃喝不愁。

放勋的童年，就在这样优裕的家庭里度过。

身为部落首领家的大小姐，庆都还是很有文化知识和素质教养的，她亲自担任了放勋的教育工作。

除了教儿子基本的文化知识，她还重点培养儿子的道德品行。

令她欣慰的是，小放勋从小就是一个知书达理的好孩子。

小放勋十岁的时候，终于被他那个健忘的老爹接回宫里去了。

庆都也很高兴，因为她知道，只要待在老公身边，儿子就有登基为帝的机会。

毕竟，哪个妃子不想让自己的儿子称帝！

但是，她还是失望了。

只过了三年，俊就驾崩了，长子挚登基为帝。此时小放勋再留在帝都就不合适了。所以，他就被封到陶（今山西省襄汾县陶氏村），当了部落首领；两年后，又被改封到唐（今山西省临汾市一带）。

古代部落首领都是以部落为氏，从此以后，我们就叫放勋为唐放勋。

黄帝王朝的几代帝王有一个共同的特点，那就是长寿，动不动就能活到一百岁，并且基本上都是寿终正寝。

按照这种规律，哥哥挚很可能也会跟老爹一样，混吃等死，混到花白胡子，然后腿一蹬，挂掉，接下来就由挚的儿子继位。

唐放勋原本也是这样认为的。所以，他便安安心心地留在唐，踏踏实实地当着他的部落首领。

但是，命运最终还是垂青了他。

哥哥挚荒淫残暴，坏事做了无数，引起了天下人的众怒。

非但老百姓咒他死，连很多大臣都想要他的命。

一些大臣发动了政变。只当了九年帝王的挚，被刺杀了。

帝位就此空下来了。

挚死时还很年轻，他的儿子们就更小了，都还没有成年。所以，只能在喾帝的儿子中选一个最贤能的人继位。

这个天上掉下来的馅饼，就砸到了唐放勋身上。

看到这里，你会觉得，好像是王宫里的大臣弑杀挚后，主动找到了唐放勋，让他来继承帝位。

但我们也有理由推测：这场政变的幕后主导者，其实就是唐放勋。

正是因为挚失去了人心，让一直有野心的唐放勋看到了机会。

于是，他暗暗联络宫廷里的大臣，一起发动了政变。

只不过，历史是由胜利者撰写的，在那场政变里，唐放勋的身影被隐藏了起来。

在公众面前，唐放勋必须是一个在道德上毫无瑕疵的完美帝王。虽然哥哥残暴无德，但也不能把杀害哥哥的罪名，加到他的身上。

我们今天看到的所有的历史，其实都是加了滤镜的。

历史上很多道德完美的人，都是被塑造出来的。

经过一番光明与黑暗相较量的流血政变之后，唐放勋终于登上了那个他渴望已久的帝位。

唐放勋是个聪明人，他吸取了哥哥的教训，发誓要做一个能干贤明的君王。

因为只有这样，才能坐得长久。

事实上，他的确做到了。

唐放勋有四个心腹大臣：羲仲、羲叔、和仲、和叔，合称"四岳"。

他派四岳分赴四方，观测日月星辰的变化，定准了春分、夏至、秋分、冬至。

四岳回来后，联合制定了太阴历法，通过计算出的一年三百六十五天的差数，创立了闰月制度。

这个可以说是唐放勋做出的最重要的实质性贡献。几千年来，中国的老百姓都是按照这套历法来安排工作和生活的。

唐放勋继续执行老祖宗黄帝制定的"以德治国"的政策，他爱民如了，弘扬顺从的美德。

在他的治下，官员恪尽职守，兢兢业业地管理人民；部落之间和睦相处，礼尚往来；老百姓春耕秋收，过着比较丰衣足食的生活。

总之，那个时代，是一个少有的太平盛世。

作为帝王的唐放勋，享受着全国臣民的无限拥戴。

在唐放勋统治的后期，上天给这片土地带来了一次罕见的灾难。

暴雨持续不断地下，山洪暴发，黄河泛滥，整个华夏大地，成了一片汪洋大海。

洪水冲垮山陵，毁坏田土，让无数的老百姓流离失所，淹死饿死病死的人不计其数。

那是人类历史上百年一遇的大悲惨时代。

如果不能把洪水治好，势必有亡国灭种的危险。

这是唐放勋执政以来所遇到的最大挑战。

他必须解决这个问题。

"何人可以治水？"他厉声发问。

四岳站了出来，一致举荐了一个人。

他们认为，只要这个人出山，就一定可以把水治好。

这个人的名字，叫鲧（gǔn）。

鲧姓姒，是有崇部落的首领，他以部落为氏，所以全名是崇鲧。

有崇部落有个特点，特别擅长平治水土，无论男女老少，人人都是水利工程专家。全国各地哪里发生水灾了，去有崇部落找人治水，准没错。

作为首领的崇鲧，自然是水利工程专家里的顶尖专家。

因此，四岳极力举荐崇鲧。

但唐放勋却有些迟疑，原因是，崇鲧曾经违背他的命令，残害同类。

但四岳坚持说："要不先试试看吧，到时如果真的不行，再另外想办法。"

其实是没有另外的办法可想的。如果崇鲧都无法治水，试问天下还有谁能？

唐放勋终于下定了决心，命崇鲧去治水。

崇鲧对治水的确有着丰富的实战经验。

但是，他丰富的实战经验，也害了他。

因为，在他过往的实战经验中，他只治理过小河流，没治理过大河流。

他脑子一根筋，以为无论小河流大河流，还都是河流，于是，他就用治理小河流的方法，来治理大河流。

他的治水思路，简单归纳一下，就是一个字：堵。

他集中所有的力量来修筑堤防，并且逐年加高加厚，以此来挡截洪水。

这么做有没有用呢？

不能说一点用没有，还是有一点用的，至少这种方法在一定程度上缓解了洪水的冲击，使部分地方的良田生产得到了恢复。

但是，它并没有从根本上解决问题。

要是暴雨只落个几天也就罢了，但这天就像被捅了个窟窿，连续几年下来，洪水源源不断，根本没有退去的迹象。

洪水越来越大，无数高大厚实的堤坝被冲垮了。

崇鲧尽心尽力，日夜不休地干了九年。

九年过去了，洪水依旧肆虐。

崇鲧耗尽了所有人的耐心。

这时，一个大臣站了出来，对唐放勋说，崇鲧治水治了九年，毫无成效，让天下百姓遭殃，必须严肃处理。

怎么个严肃处理呢？

"杀！"

唐放勋对崇鲧也很恼火，但他是个仁义之君，崇鲧没干成事，顶多撤掉他，犯不着杀他呀！

因此，当他听到这个大臣的建议时，打了个冷战。

他久久地盯着这个大臣看。

他知道，现在，他已经惹不起这个大臣了。

这个大臣的名字，叫作姚重华，也就是后来跟尧帝齐名的舜帝。

第四章

重华崛起

倒霉青年的奇遇人生

⊙

姚重华，出生在一个普通的农民之家。

其实，他的祖上也是很阔的。

他的六世祖，就是大名鼎鼎却又平庸至极的"五帝"之一——玄帝颛顼。

颛顼有一个儿子，叫穷蝉，不幸沦为了平民。从此以后，家道就中落了。

姚重华的父亲，真名叫什么，历史没有记载，但人家都叫他瞽（gǔ）叟。瞽叟，就是瞎老头。

姚重华是个可怜孩子，在他很小的时候，娘就去世了。

按一般的伦理常识，孩儿娘死了，爹该更疼儿子才是。

瞽叟倒好，不疼儿子就算了，居然还起了坏心，想把儿子害死。

他起这个坏心思的根源，在于她娶了一个后妻。

首先必须对瞽叟表达我如滔滔江水绵绵不绝的敬仰，因为就他这样一个瞎子，带着一个拖油瓶，家庭经济条件也不好，居然还有姑娘愿意嫁给他。

要搁现在，他注定只能一辈子打光棍了。还想娶第二个老婆？简直是痴心妄想！

但人瞽叟就是有本事，还真就把一个如花似玉的姑娘给娶进门了。

瞽叟的人生就此迎来了第二春。

但姚重华的人生，却从此迎来了噩梦。

因为，这个后妈最大的心思，就是把姚重华给弄死。

后妈性情乖张悍戾，自从嫁进姚家大门的那一天起，对姚重华这个继子，左看右看，横竖看不顺眼，动不动就给姚重华一顿臭骂，有时脾气上来了，直接抡起扁担打屁股。

瞽叟是那种特别孬的男人，他有个特点，就是怕老婆。眼睁睁地看着老婆打自己的亲生儿子，屁都不敢放一个。

后来，后妈生了一个儿子，名叫姚象。

真是有什么样的妈，就有什么样的儿子。

这个姚象受他妈的影响，对自己的亲哥哥恨之入骨，经常合计着要把姚重华给害死，这样，他就可以一个人继承老爹全部的家产了。

而瞽叟现在也加入了这母子俩的阵营，觉得大儿子留在世上简直是浪费粮食，不如趁早除去为好。

只不过姚重华一向小心谨慎，才没有让这三个心肠毒辣的人得手。

不得不感叹一句：小姚，你的命真是太苦了！

姚重华不管后妈和弟弟怎么待他，他都笑脸相迎，一副谦卑有礼的样子；不管父亲怎么待他，他都尽心尽力地孝顺父亲。

你虐我千万遍，我待你如初恋。

很多人称颂姚重华这以德报怨的伟大的品质。

但这是不符合人性的。

在我看来，姚重华只不过是在隐忍而已。在自己未成年的时候，还没有独立去生存的本事，他必须靠着这个家吃饭。

其实，他心中早就充满了怒火与怨恨了。

只不过，早熟的他，从来没有表现出来。

他必须通过极度的忍让，让自己在阴暗四伏的家里生存下来。

他的谦卑态度，取得了很大的成效。

首先，是那三个人对他的提防之心减弱了很多。

其次，他成功地引起了别人对他的怜悯。

一个邻居实在看不下去一家人如此冷酷地对待这个少年，便劝瞽叟送姚重华去上学。

给他一口饭吃就对他很不错了，还上学？你想多了吧？

瞽叟和后妻冷冷地拒绝了。

一个教书先生也实在可怜姚重华，私下里答应不收他的学费，免费教他识字读书。

教书先生教给了他一个人生道理：一个人要想成就一番伟业，必须识字读书。

于是，姚重华就十分勤奋地读书。

他天资聪颖，很多东西一学就会。

过了一段时间，他觉得先生教的知识还不够他学，于是四处拜师，他甚至能谦卑地向一个年仅八岁孩童蒲衣子学习人的身体原理。

他学得越多，对人生的领悟也越来越透彻。

他知道自己出人头地的唯一途径，就是做一个品德高尚的人，得到人们的称颂，从而引起贵族阶层的关注。

当他成年的时候，他到处去干活。

他去雷泽打鱼狩猎，他去顿丘经商做生意，他去黄河之滨烧制陶器。

无论他在哪里干活，他总能用他渊博的知识和高尚的品德吸引人们围绕在他的身边。

也就是说，此时的他，具备了一种吸引世人的人格魅力。

他的名声越来越响亮，从民间，一直传到了庙堂。

他终于成功地引起了朝廷里大臣的注意。

这时的唐放勋，已经年老体衰了。

他有九个儿子，其中，长子丹朱是一个很有才能的人。

但丹朱跟很多官二代和富二代一样，很有性格，经常跟他老子对着干。

他性格暴烈，很难跟人相处。

唐放勋怒其不争，经常大骂丹朱"不肖"。

本来，他早就想立丹朱为帝储，但因为对丹朱爱恨交织，立储的事就一拖再拖。

但是现在，他年纪大了，立储的事不得不摆上日程了。

于是，唐放勋召集大臣，问大家："谁可以继承我的事业？"

大臣放齐说："嗣子丹朱通达聪明，可立为帝储。"

唐放勋叹了口气，故意说："他聪明是聪明，只可惜顽劣不讲理，恐怕难当大任啊！"

有一个叫驩（huān）兜的大臣，是个死脑筋，偏偏不懂帝王的心思，还真以为唐放勋不想立丹朱，于是他趁势说："共工广聚民众，很得民心，可以继承你的事业。"

唐放勋心里很生气：我也就随口说说而已，你还当真了！

于是他说："共工巧言善辩，貌似恭顺，却心术不正，不能用。"

那到底谁可用呢？

这时，唐放勋的眼光投向四岳，说："这些年来你们忠诚地执行我的命令，不如从你们四个里挑一个，来继承我的帝位吧。"

四岳都是深通官场世故的老滑头了，一听这话，吓得汗如雨下。

——大哥，您这是要把我们几个放火上烤吗？到时我们几个还不死无葬身之地啊！

他们赶忙推辞，说："我们德行浅薄，恐怕会玷辱帝位。大王您还是另选贤能吧。"

唐放勋心里很满意他们的回答，就说："那就请你们再推举贤能吧，无论是显贵的亲戚，还是隐居的人士。"

其实大家都知道，唐放勋最终还是要把帝位传给自己的儿子。

因为，由自己的儿子执掌帝位，是黄帝王朝的传统。也就是说，黄帝王朝是世袭制。

唐放勋是不可能破坏这个制度的。

除非唐放勋脑子锈掉了，不然他是不可能把祖宗创业维艰打下来的大好江山，白白奉送给外姓人的。

这不仅是政治，也是人性。

但为什么唐放勋还要说这样的话呢？

做一个姿态而已。

唐放勋一向是以仁义、无私的伟光正形象示人的，在道德上，他是一个几乎完美的人，没有瑕疵的人，他不想让外人认为他很自私，只为自家考虑。

因此，他以"举贤"的理由，让大臣们去推荐最贤能的人来继承帝位。

如此，天下百姓就会更加称颂他的伟大。

作，太作了。

早晚有一天，他会因为作，受到严厉的惩罚。

无论是《史记》里，还是其他儒家史书，都记载唐放勋真心诚意地想在天下选一个贤能的外姓人来继承他的帝位。在我看来，这是很扯淡的。

四岳跟随唐放勋几十年，唐放勋那点小心思，他们早就摸得一清二楚了。

因此，他们也装模作样地开始推荐外姓贤能了。

他们推荐的这个人，就是姚重华。

姚重华现在也已经三十岁了，虽然他做事很勤快，但是，他依然很贫穷。

别说娶媳妇了，就连吃饭，也是饥一顿饱一顿的。

在古代，如果没有娶媳妇，就要跟父母住在一起，奉养父母。

有一天，他在田里干活，看到一只鸟，孤单地在天空飞翔，发出悲戚的鸣叫。

他有感而发，顺口编了一首歌，高声唱了起来："涉彼历山兮崔嵬，有鸟翔兮高飞。思父母兮历耕，日与月兮往如驰。父母远兮吾将安归？"

这首歌应该是后人以姚重华的名义编出来的，以表达他们对自己落魄身世和悲惨遭遇的感慨。

但不管怎样，我还是相信，在那种凄凉的境遇之中，姚重华是很有可能用伤感的歌曲去表达自己真实的感情的。所以唱完之后，他百感交集，不由得放声大哭。

他不知道这样的日子还要熬多久。

他感到了一种绝望。

人永远不要绝望。

你曾经努力做过的一些事，一定会在某一天给你带来意想不到的回报。

正在他沮丧失意的时候，家里来了一群人。

这群人告诉他，大王听闻你的贤能，特召你去朝堂，有大事跟你说。

姚重华的人生，就此发生了魔术般的改变。

唐放勋看着眼前这个年轻人，长相帅气，举止稳重。虽然唐放勋绝不会把帝位传给他，但是，也要好好培养他，说不定以后可以好好辅佐他的儿子。

唐放勋跟姚重华交流了之后，对这个年轻人很满意。

当着众大臣的面，唐放勋做了一个决定，这个决定让所有人都大吃一惊。

这个决定是：把两个女儿——娥皇、女英，都嫁给他。

所有人都羡慕不已：这小子在哪里踩的狗屎，居然如此幸运！

唐放勋之所以把两个女儿都嫁给他，就是想看一看，他到底如何治家。

因为，在唐放勋看来，只有先学会治家，才能学会辅佐帝王治理天下。

至于女儿嫁给姚重华后是否幸福，并不重要。在帝王眼里，女儿就是用来换取政治利益的交易品。

帝王家，没有感情。

两个女儿出嫁时，唐放勋派出他九个儿子去送亲。

名义上是送亲，其实就是观察姚重华如何处世。

将来，继承帝位的，无非就是这九个儿子中的一个。

唐放勋倒是想好好看看，姚重华是如何跟这九个儿子相处的。

还有更重要的一点，这九个儿子是带着一个不可明说的任务去送亲的。

那就是对姚重华实施监督。

你以为真有那样的好事从天上掉下来？

只要你一跟政治挂钩，信不信你一步不小心，就会人头落地？

帝王的心思，永远是深不可测的。

但不管怎样，姚重华还是风风光光地把两位公主娶进家门了。

这让瞎子老爹、后妈和弟弟瞠目结舌。

平常不起眼的重华小子还有这运气？

但眼前的事实，却让他们不得不相信。

帝王嫁女，嫁妆自然是极其丰厚的。

什么良田鱼塘、猪羊牛马，当真是要什么有什么，你能想到的有，想不到的也有。

看到这些财物，一个坏心思在三个人那里蠢蠢欲动了。

杀死他，把他的财产抢过来，给父母；把他的女人和琴抢过来，给姚象。

于是，姚象这个年纪轻轻的小伙子，开始主导谋划如何干掉姚重华。

他把杀死姚重华的这个"光荣任务"，交给了他的老爹。

瞽叟是人类历史上最愚蠢可笑的父亲，也是最冷酷无情的父亲。

当小儿子把这个任务交到他手上的时候，他想也不想，就答应了。

因为在他心中，钱比儿子更值钱。

根据姚象的计划，这一天，瞽叟要姚重华到仓库顶上去涂合裂开的缝隙。

姚重华根本料不到老爹会在此时害他，便哧溜一下，爬到仓库顶上去了。

瞽叟一看儿子上去了，立马把梯子给撤掉，在下面放了一把大火，把整个仓库给点燃了。

火苗呼呼地往上蹿。

在那一刻，姚重华的心拔凉拔凉的。

——原来我的父亲对我如此无情！

但他来不及悲愤，现在最重要的，就是跳出这火海，保住这条小命。

他在仓库顶上搜寻了一下，发现了两顶斗笠。

他精神大振，把两顶斗笠绑在手臂上当翅膀，护着身子，从仓库顶上一跃而下。

虽然衣服、头发、眉毛都烧着了，但命好歹保住了。

如果是一般人，遇到父亲这样害他，不说报复，最少也要搬走。

远走他乡，不再跟一家人来往，也就是了。

但姚重华并没有搬走。

他继续跟父母住在一起。

因为，此时他给自己已经塑造了一个完美的形象：不管父母如何待我，我都会一如既往地孝顺父母，决不会让人嚼舌根骂我背负父母养育之恩。

他被自己道德绑架了。

他需要这样一个形象，黄帝王朝也需要这样一个形象。

姚象一计不成，又生一计。

某一天，瞽叟要姚重华去挖井。

这一次，姚重华留了一个心眼。

他在挖井的时候，特意凿了一个隐秘的小孔道，可以从旁边出来。

待到他挖到深处的时候，瞽叟和姚象两人把泥土倾倒进了井里，还在泥土上跳了几十下，把井踩实。

这下子，出不来了吧！

姚象洋洋得意，向老爹炫耀道："我这主意还不错吧？"

瞽老头还不住地点头夸奖："儿子，你真棒！"

姚象以为大事已成，便大摇大摆地走进了姚重华的卧室。

两位嫂嫂不在卧室，他看到了一把琴，那把他想了很久的琴。

于是，他走了过去，坐下来，忍不住弹了起来。

弹着弹着，身后传来一个声音："琴弹得很不错。"

他一惊，转过头来，姚重华正站在门口，微笑着看着他。

姚象这一次吓得不轻，可小伙子机灵，临场反应也是着实令人佩服。他当作什么也没发生，笑着说："大哥，我很想你，正想得苦闷呢。你还好吗？"

姚重华意味深长地笑着说："这样啊！我挺好的，多谢弟弟挂念。"

姚象故作轻松地说："我没什么事，就进来看看。那我先走了啊。"

"你不多坐一下了？"

"不了，不了。"

经此一事，姚象吓得不轻，再也不敢生异心害人。

姚重华呢，就当作什么也没发生，继续对父母孝顺，对兄弟友爱。

他以德报怨的故事，再次传播四海，当然也传到了唐放勋耳里。

姚重华从一开始就知道，唐放勋把女儿嫁给自己，是一场政治考验。

他每天战战兢兢，如履薄冰。

明知道枕边人是两个"间谍"，还必须装作不知道。

当然，两个公主年轻美貌，温柔贤淑，他也的确很爱她们。

两个公主呢，在相处的过程中，也爱上了他。她们孝顺父母，友爱兄弟，一切都合乎妇人之道。

在两个公主带来的嫁妆里，有一块封邑，叫作有虞。姚重华就成了有虞部落的首领。以部落为氏，从此之后，姚重华就改叫虞重华。

在九个大小舅子的"监督"下，虞重华发挥了他治理地方的能力。

他管理历山，历山的人都互让田边地界。

他管理雷泽，雷泽的人都互让住所。

他管理陶器，黄河边上做陶器的人都不敢粗制滥造。

只要是他管理的地方，一年就变成了村庄，两年就变成了城镇，三年就变成了都市。

唐放勋对于虞重华的表现很是满意，于是，他任命虞重华在中央政府担任了一个很重要的官职——司徒。

这个司徒的主要工作内容，就是在全国大力推行五教。

哪五教呢？

父义，母慈，兄友，弟恭，子孝。

观此五教，虞重华简直就是最完美的楷模。

因为他自己在五教上身体力行，因此，他推行五教后，全国人民都能遵从。

看到虞重华会办事，唐放勋又陆陆续续让他担任了不同的官职，参与内政与外交。

虞重华在每个职位上，都干得十分出色。

最后，唐放勋对虞重华进行了终极考验：在狂风暴雨的时节，把他丢到茫茫森林里，看他能不能一个人走出来。

虞重华凭着他惊人的记忆力与坚忍不拔的意志，硬是走了出来。

唐放勋终于放心了：这个人，就是下一代帝王最重要的辅弼大臣，相信我的儿子在他的辅佐之下，定能承继我的志向，让黄帝王朝更加强盛！

于是，他下了一道谕旨：立丹朱为帝储。

谕旨一下，遭到了很多部落的不满。

尤其是来自东夷部落联盟的使者，当面说丹朱不适合担任下一任帝王。

他不适合，还有谁适合？

唐放勋万万没料到，东夷使者说出了一个令他吃惊的名字：虞重华。

在那一刻，唐放勋终于发现，自己做出了这辈子最大的一件蠢事：养虎为患。

虞重华是他当作下一代帝王的辅弼大臣来精心栽培的。

所以，他把很多权力给了虞重华。

他从来没有想到，虞重华居然会有野心。

第五章

宫廷政变

岳父的帝位，还是我的

是的，虞重华是一个极富野心的政治谋略家。

　　在他当上司徒的时候，他的野心就开始暗暗滋生。

　　他掌管了内政，结交大臣，许多大臣也唯他马首是瞻，把他当成了百官的领袖。他在政府很多个部门，都安插了他的亲信。整个朝堂上下，都是他的人。

　　他利用负责外交的机会，走遍中华大地，四处笼络那些重要的部落首领。他凭借他完美的人格魅力，吸引那些部落首领跟他称兄道弟，个个表示要拥戴他。

　　他用了几年的时间，从朝堂到地方，织起了一张巨大无比的政治关系网。

　　当时的他，成为全国声名最隆的一个权臣。

　　而这个时候的唐放勋在干什么呢？

　　说起来令人发笑：他在学仙术，吃仙丹。

　　人越老，越怕死。

　　尤其是帝王，更是希望自己万寿无疆，长生不老。

　　所以，虞重华就趁着唐放勋每天炼仙丹的机会，把控了整个朝廷的权力，把唐放勋架空了。

　　此时，虞重华的目标，已经不是位极人臣，而是那个最高的位子——帝王。

　　当崇鲧治水失败的时候，虞重华站了出来，建议唐放勋杀掉崇鲧。

　　唐放勋是个仁义之君，他不同意。

　　但是，虞重华坚持要杀掉崇鲧。

　　唐放勋还是不同意。

虞重华还是坚持要杀。

此时，唐放勋看到虞重华的脸上带着阴冷冷的杀气。

他恐惧了。

这个之前在他面前一直像只兔子一样温顺的人，这个他一手提拔、栽培的女婿，此时，露出了他的野心。

他完全看懂了他的野心。

他问大臣们：要不要杀掉崇鲧？

大多数的大臣，都一致表示：崇鲧罪无可赦，必须杀！

于是他知道，虞重华羽翼已丰，而他自己年老力衰，已奈何不了虞重华了。

崇鲧，这个九年来兢兢业业治水的水利工程专家，就这样，被处决了。

为什么一定要杀掉崇鲧？

原因只有一个：崇鲧不是虞重华的人。

崇鲧在全国拥有崇高的威望，但是，他并不支持虞重华，曾公开反对虞重华。

他是虞重华通向帝位的一个拦路虎。

所以，崇鲧必须死！

所有的人都以为崇鲧死于治水无功，其实，他是死于一场政治斗争。

此时的唐放勋九十多岁了，老得都快得老年痴呆症了。

加上这次沉重的打击，他很快就病倒了。

已经是帝储的丹朱，此时还远在三苗征讨，没回来，因此，他没有成为监国。

成为监国的，是虞重华。

监国者，帝王代理人也。

成为监国的虞重华，第一件事，就是把唐放勋囚禁了起来。

是的，你没有听错，一代伟大的帝王唐放勋，被他的女婿虞重华囚禁起来了。

在《史记》和其他的儒家史书里，无一不记载着唐放勋欢天喜地地自愿让虞重华监国，他自己则去深宫里养老了。

但是，我想告诉你，真相不是这样的。

古往今来，绝对不会有任何一个帝王，会心甘情愿把自己的帝位转让给外姓。

别说外姓了，就连自己的儿子，就连自己已经被立为太子的儿子，帝王也会时时刻刻地防备着，时不时敲打一下：小子诶，老子还没死，你最好规矩点，别起什么异心！

他把权力交出去的那一天，一定是自己归西的那天。

像那个号称"十全老人"的乾隆皇帝，虽然退为太上皇，但权力始终牢牢掌握在自己手里，儿子嘉庆皇帝就是个傀儡，没有任何话语权。

最高权力，就是帝王的命。

对权力的欲望，让每个帝王就像吸了鸦片一样上瘾。

主动放弃权力？不要搞笑了。

那些都是文人美好的想象罢了。

历史上，被称颂了几千年的尧禅让的故事，就是一个美丽的神话。

这个美丽的神话，骗了中国人民几千年。

类似案例请参考汉献帝刘协禅让曹丕，魏元帝曹奂禅让司马炎。

总结一句话：所谓的"禅让"，其实就权臣当政，架空帝王，威逼帝王禅位。

此时的监国虞重华，已经成了黄帝王朝的实际统治者。

当时，社会上有两个非常知名的家族：一个是高阳氏家族，有八兄弟，人称"八恺"；另一个是高辛氏家族，也有八兄弟，人称"八元"。

按理来说，像这样德高望重、地位显赫的家族，理应得到唐放勋的重用。

可惜的是，唐放勋一直把他们晾在一边，不理睬。

这十六个人心里当然愤愤不平，却又无可奈何。

现在，虞重华上台第一件事，就是把"八恺"召来，给他们封官，让他们执掌各地政权；同时任命"八元"做思想工作者，到全国各地巡回演讲，表面上是推行五教，其实就是大肆宣扬他虞重华的伟大功勋和品德，给全国人民进行思想教育，为自己最后登基称帝做好舆论铺垫。

丹朱在三苗得到老爹封自己为帝储的谕旨，兴奋得拍马就走。

老爹执政七十年，自己作为长子，熬了几十年，头发都熬白了，现在总算是熬出头了。

相信不用多久，体弱多病的老爹就会去西天报到，说不定当他赶到帝都平阳（今山西省临汾市）的时候，老爹就死了，自己马上就可

以登其为帝。

想象不要太美好。

当他走到半路的时候，一个噩耗传来：老爹已经被囚禁起来了，虞重华已经成为监国。

丹朱一想到妹夫占据了本属于自己的位子，气就不打一处来，快马加鞭地要赶去平阳。

这时，他的亲信死死地拉住了丹朱。

亲信们知道，此时去平阳，就是羊入虎口，有去无回。

所以，最好的办法，就是返回南方自己的领地，举兵起事。

丹朱听了，认为有道理。

他立即拍马赶回自己的封地——浮山（今山西省浮山县）。

回到浮山后，丹朱拿出老爹立自己为帝储的谕旨，联合那些忠于自己的部落，自立为帝，发檄文讨伐虞重华。

虞重华现在是正统的监国，他监国的职位，是唐放勋亲自下诏任命的（被迫任命）。

因此，在虞重华眼里，其他任何人称帝，都是非法的。

既然是非法的，那就必须去征讨。

于是，虞重华以监国的名义，迅速召集了华夏地区的众多部落，并派人去向以勇武著称的祝融部和以司射闻名的羿部请求助阵。

而丹朱那边呢，基本上只有南方一些比较小的部落，再加上刚刚归附不久的三苗部落。

双方在丹浦（即丹水之滨，在今河南省南阳市）展开了一场殊死搏斗。

这场战争的结局，从一开始就注定了。因为双方的实力，不在一个等级上。

战争的过程就不多说了。丹朱的部队被打得丢盔弃甲，最后，大部分都投降了。

至于丹朱本人呢，逃得无影无踪，没有人知道他逃到哪里去了。

虽然没有从肉体上消灭丹朱，但必须从精神上消灭他。

在虞重华的指示下，黄帝王朝的帝储丹朱，因为在丹浦杀人太多，被描绘成"凶神""邪神"。

人们由此口口相传：原来，帝储丹朱是邪神的化身啊，那他有什么资格继承伟大的唐放勋的帝位呢？

幸好他从这个世界消失了，如果由他来当帝王，那还不整得天下大乱啊！

而虞重华呢，则被正面宣传，人们同样口口相传：监国就是好，就是棒，由他来管理国家，人们肯定会过上安居乐业的生活。

打败丹朱之后，虞重华又快刀斩乱麻，杀掉了三个人：三苗，共工，驩兜。

三苗投降丹朱之后，跟着丹朱去打虞重华；失败了，又向虞重华投降。虞重华一刀下去，结果了他的性命。

共工曾经是帝王的候选人，也就是虞重华的竞争对手。

而驩兜，是共工的死党，当初唐放勋询问谁可立为帝储的时候，驩兜推举的，正是共工。

虞重华用了几个冠冕堂皇的理由，杀掉了共工和驩兜。

至此，天下大事，全都掌握在虞重华手里，已经没有任何人能够阻挡虞重华称帝。

但是，他仍然没有称帝。

为什么？

因为唐放勋还没死呢。

此时的唐放勋，被软禁在平阳的一座小宫殿里，苟延残喘。

虞重华对外宣称：大王年老，身体也不好，你们都不要去打扰他，有事直接跟我汇报就可以了。

所以，谁都没法见到唐放勋。

唐放勋只能静静地躺在那里等死。

很可怜！

光照日月的一代伟大帝王，居然沦落到这个地步，真是可怜！

但只能说，这都是他自己作的。

虞重华监国的时候，做了很多有意义的事情，充分展现了他卓越的治国才能。

他在全国设置了十二个州，疏通了各个州的河道。

他改革了刑法，对那些本来应该处以墨、劓、膑、宫、大辟刑法的罪犯，一律从宽处理，只是施以放逐。

他命令四方部落首领必须定时来中央向他汇报工作，严格考察他们的政绩，政绩好的就予以奖赏，政绩不好的就予以惩罚。

他还经常去全国各地巡视，了解各地民生，以此制定适合老百姓的国民政策。

通过这些强有力的施政措施，黄帝王朝再次出现了强大与鼎盛的局面。

而虞重华由此也建立了崇高的威望。

人们渐渐把那个年老体衰的唐放勋忘了。

虞重华一直在等唐放勋挂掉，然后好顺理成章地称帝。

原来，他想着唐放勋一大把年纪了，过两三年自然就会挂掉。

但令虞重华没想到的是，唐放勋跟他那些列祖列宗一样，是个长寿的命。

自打虞重华成为监国后，唐放勋又活了二十八年。

虞重华当监国的时候，还是生龙活虎的中年人。当他自己也步入老龄阶段的时候，唐放勋还活得好好的。

虞重华简直要疯了。

按这迹象，估计到时虞重华自己老死了，唐放勋还死不了。

虞重华给自己打造的是一个品德高尚的完美人设，他不可能去杀掉唐放勋。

所以，他只能耐心地等待。

好吧，等吧，其实现在唐放勋死不死真的已经不重要了，反正大权都掌握在自己手里。现在的他，跟帝王有啥区别呢？

不过，虞重华终究还是等到了这一天。

唐放勋终于驾崩了，享年一百一十九岁。

按照原计划，等到办完了尧帝的丧事，虞重华就可以名正言顺地登基称帝了。

但这时，一个人的出现，打乱了他的称帝大计。

这个人，就是丹朱。

丹朱消失了二十多年，这二十多年里，他就跟死了一样，没有任何消息。

虞重华也以为他死了。

但是，就在唐放勋治丧大礼上，他却如同鬼魅一样，神奇地出现了。

他穿着白色孝服，来给老爹吊孝了。

看到这里，所有人都目瞪口呆。

请问你这是干吗来了？

给父王吊孝啊！咋地，有啥问题吗？

没有。

但是，大家都是玩政治的，作为政客，吊孝不是简单的吊孝，它是带有政治目的的。

啥目的？

搅乱虞重华的称帝计划。

称帝是很讲究名正言顺的。

当初丹朱在南方起事，自立为帝，老实说，是有点名不正言不顺的。虽然他的确是帝储，但那时唐放勋还没死呢，你就敢擅自称帝？再说虞重华也没篡位称帝，只不过是监国而已。

因此，虞重华作为黄帝王朝的监国，可以宣布你是造反叛逆，可以名正言顺地来征伐你。

现在，丹朱以帝储的身份来给尧帝吊孝，任谁也不能说一句闲话。

为臣，这是忠；为子，这是孝。

忠孝两全，感天动地，可钦可佩。

当丹朱在唐放勋灵前一哭，虞重华知道，他已经陷入被动了。

丹朱，这一招，算你狠！

现在，曾经合法的帝储丹朱回来了，治丧之后，由谁来称帝？

从法理的角度，姚重华是没有资格的，因为他只是监国，只是帝王代理人而已。

丹朱，才是那个最合法的帝位继承人。

尽管在内心里，所有的大臣都认为这个简直太扯淡了。

但是，法理就是法理，明面上，你必须讲这个。

此时的虞重华陷入了极度尴尬的境地。

但是，他并没有慌乱。

他做出了一个出人意料的决定：帝位，由丹朱来继承，我还是回我自己的有虞部落，当我的部落首领好了。

把黄帝王朝打造得如此强盛，结果却把江山拱手送给丹朱，那岂不是给丹朱做了嫁衣？

几十年的努力，功亏一篑！

如果你认为虞重华如此轻易就认输，那你也太小瞧他了。

虞重华是远古时期最伟大的谋略家，他做任何一件事，都深谋远虑，让自己足以立于不败之地。

他之所以做出这个决定，是因为他相信，天下人心早已在他这里，迟早有一天，他会被合法地推上帝位。

这就是虞重华的高明之处：如果现在强行登基为帝，那从法理上来说，是不合法的，这是会失去人心的；不如先退一步，让你丹朱先称帝，到时再采取措施，让你主动禅位于我。

所有的一切，都必须披上合法的外衣。

尽管这外衣下面，充满了黑暗的权谋。

就这样，丹朱在帝都平阳登上了帝位，姚重华回到了有虞部落的都城蒲阪（今山西省永济市）。

看似是丹朱成功了，虞重华失败了。

但是，一切，都在虞重华的掌控之中。

因为，天下臣民，只认虞重华，不认丹朱。

有虞虽然只是一个部落，但是，大臣们都跑到有虞部落的都城蒲阪去办公了，天下部落首领也一如既往跑到蒲阪向姚重华汇报工作。

换句话说，虞重华此时干的还是监国的事，跟之前没有任何区别。

唯一不同的是，办公地点变了，从平阳变成了蒲阪。

天下人都知道，有虞部落，才是真正意义上的中央政府。

平阳，成了一个摆设。

丹朱不得不无奈地承认，天下已不是自己的了。

在身边很多大臣软硬兼施的劝导与逼迫下，丹朱终于低下了他高贵的头颅。

此时的丹朱，就跟后来的汉献帝一模一样。

三年后，他自动退位，并下了谕旨，令虞重华接替帝位，他自己则降而为臣。

后来的人都说是尧帝禅位给虞重华的，其实不是的，他们都选择性地忽视了过渡帝王丹朱。

正是丹朱把帝位禅让给了虞重华。

但是，这种禅让，不是欢天喜地、心甘情愿的，而是被强大的政治力量所胁迫的。

"这是天意啊！是天让我称帝！我不能违背天意！"

经过三十多年惊心动魄、尔虞我诈的血腥斗争，平民出身的虞重华终于登上了帝位，定都蒲阪。

然后，他封丹朱为房邑侯，封地是丹水（今河南省淅川市），后来，改封于刘（今河北省唐县）。

虞重华对禅位给他的丹朱还是很好的，丹朱在封地的待遇，很多的日常礼节，一如帝王。丹朱死后，虞重华仍以帝王之礼，为他举行了国葬。

虞重华称帝之后，最令人称道的，就是他敢于任用人才。

说实话，唐放勋在位的时候，对于社会上大批才识之士，都没有去任用。相反，在朝堂上，充斥着很多无能、奸诈的小人。

这是唐放勋统治后期明显衰落的根本原因。

虞重华吸取了唐放勋执政的教训，他改组了中央政府组织，大胆起用有能力的人担任重要官员。

下面是全新改组后的政府机构：

夏文命为司空（水利部长），治理水土；

弃为田畴（农业部长），掌管农业；

契为司徒（国防部长），推行教化；

皋陶（gāo yáo）为士（司法部长），执掌刑法；

垂为共工（矿业部长），掌管百工；

伯益为朕虞（林业部长），掌管山林；

伯夷秩宗（祭祀部长），主持礼仪；

夔（kuí）为典乐（教育部长），掌管音乐和教育；

龙为纳言（监察部长），负责发布命令、收集意见。

这些人其实在唐放勋执政的时候，就在政府机关办事，但是大多数并没有受到重用，既没有充分发挥他们的才能，也没有提高政府的工作效率。

现在，虞重华重用了他们，让他们担任各个部门的主管，人尽其才。

在这样一批业务和管理水平都很高的大臣的主政之下，政府许多工作都呈现出了全新的面貌。

黄帝王朝在虞重华的治下，政治清明，军事强大，人民安居乐业。

黄帝王朝变得前所未有地强大。

最后还有一件小事不得不提一下。

虞重华称帝之后，第一件事，就是衣锦还乡。

富贵不还乡，如同锦衣夜行。

更何况当了帝王，不还乡显摆显摆，这辈子感觉都没有意义了。

虞重华还乡，很是隆重。

车辇来到家门前的时候，他下来了。

他的瞎子老爹、后妈和弟弟都在家门口迎接他。

他赶忙三步并作两步走上去，恭恭敬敬地向老爹、后妈磕头跪拜，就像臣子向帝王俯首敬拜一样。

老爹、后妈都很惭愧，他们赶紧挽扶起了这个儿子。

他给了老爹、后妈很多的赏赐。

他还封弟弟姚象为部落首领。

他以德报怨的品行，再次得到了所有人的交口称赞。

在历史上，他成了一个道德品质绝对完美的帝王。

虞重华在位三十九年，在他一百岁那年，他驾崩于苍梧之野。

史书上说他到南方巡守，在苍梧寿终正寝。

其实，他是死于一场政变。

那场政变的主角，就是名气跟他一样大的——禹帝。

一场充满了愤恨、隐忍、狡诈、血腥的复仇之战，缓缓拉开了序幕。

第六章
文命复仇

报父仇，一个篡位的借口

话说当初崇鲧治水九年，不见成效，虞重华力主杀掉崇鲧。

唐放勋此时已大权旁落，没办法，只好下旨，派人把崇鲧处决。

可怜彼时的崇鲧还在日夜不休地工作，指挥人们加紧修筑堤坝，拦截洪水。

其实他也知道自己治水无功，迟早会被降罪。

但他无论如何也想不到，等待他的，居然是死罪。

说句实话，崇鲧治水九年，没有功劳也有苦劳。

在老百姓心目中，他是一位很有声誉的老专家。

但就是这样一位老专家，死了之后，成为政府宣传的罪大恶极的"四凶"之一。

四凶者，崇鲧，三苗，共工，驩兜也。

崇鲧排名"四凶"之首。

全国人民都恍然大悟：原来崇鲧除了治水不力之外，还犯下了这么多十恶不赦的大罪啊！他简直就是藏在我们身边的恶魔！幸好伟大、光荣、正确的虞重华及早发现了他的阴谋与罪行。他死得好，死得太好了！

好在那个年代还没有鞭炮，不然人们非得到处放鞭炮庆贺。

这真是千古奇冤！

一将功成万骨枯。在虞重华称帝的路上，堆满了无数冤死的尸骨和鬼魂。

崇鲧，只不过是其中一个典型代表而已。

杀死崇鲧很容易，但现在洪水还没有治好，你得再找一个人来顶替崇鲧治水啊。

总不能让虞重华亲自治水吧？

当时，全国的水利工程专家，基本上都集中在有崇部落。

崇鲧死后，最知名的水利工程专家，就是他的儿子崇文命。

没办法，虞重华只能任命崇文命担任全国治水总指挥。

接到父亲被杀的消息，崇文命陷入了悲痛之中。

但是他来不及悲痛，又接到了中央政府的召命，让他立即赶到平阳。

以崇文命对政治的了解，对时局的观察，他已经彻底看清了虞重华的真面目。

那是一个为了权力，什么事都干得出来的权臣，心狠手辣，无所不用其极。

所以，当崇文命接到中央政府的召命，他的第一感觉，就是虞重华要斩草除根，赶尽杀绝。

他如果去平阳，无异于送死。

但是，他又不能不去。

如果不去，就是违背了帝命，那更加是死罪了，说不定新婚的妻子也会受到牵连。

因此，他只得收拾了行李，告别了哭泣的妻子，启程前往平阳。

那时唐放勋依然在位。只不过，他已经被虞重华架空了。

唐放勋坐在王座上，问询崇文命的，却是虞重华。

虞重华说："你父亲崇鲧治水九年无功，现在大王想让你顶替你父亲去治水。"

听到任命自己去治水，崇文命一直吊着的心，才算是落了下来。

但是，他不想接受这个任命。

父亲治水的经验比自己丰富十倍，连父亲都治不好，自己能治好吗？

如果治不好，到时又会给到虞重华降以死罪的借口。

他的头脑高速地运转，思考如何回复。

"下臣治水的能力不足以胜任这个工作，请您另选能人。"

"还有谁能治水？"

"契、后稷、皋陶，都有治水的经验。"

"不行，他们没有你专业。你就不用推辞了，大王已经决定了，你尽心尽力地去做吧。"

崇文命没有办法，只得磕头拜谢。

虞重华指派伯益、后稷当崇文命的助手。

崇文命知道，这二人名义上是自己的助手，其实就是监督自己。

但他只能接受。

虞重华说："形势急迫，时不等人，你这就快快上任去办事吧。"

崇文命跟伯益、后稷简单收拾了一下，就一起赶往抗洪抢险的第一线。

他的第一站，是灾情十分严重的冀州。

到了冀州，他顾不上休息，第一时间就去视察河道，然后跟当地的老百姓讨论分析灾情，总结父亲治水失败的原因。

父亲治水的核心思路是：堵。

按照一般的情况，堵是没问题的。

但这次洪水千年难遇，大雨连续下了九年，目前看来，根本没有停雨的迹象，估计再下个九年都没问题。

这种情况，光堵是没用的。

所以，他想到了另外一个办法：疏。

具体来说，就是利用水往低处流的自然趋势，疏通河道，让大水最终流入大海。

按照"疏导"的治水思路，他疏通了当时九大河流，还修治了九个大湖，开通了九条山脉。

他带着一大帮人，走遍千山万水，历尽千辛万苦，终于用了十三年的时间，把洪水基本上治理好了。

但是，只能说是基本上，甚至，连"基本上"都很勉强。

在唐放勋那个时代，生产工具非常原始落后，没有铁器，用的是烧石浇水的方式去开山凿洞。每前进一公里，都得耗时几个月。

可以想象一下，全国几千公里的直线路径，再加上左右纵横的水脉和山脉，如此浩大的水利工程，根本不可能在短短的十三年内完成。

所以，崇文命治水的时间，一定远远超过十三年。

我们可以想象一下，崇文命这么长时间从事治水工作，是多么辛苦。

他用尽了他的一生，耗尽了全部心血，拯救了中华民族。

光是这一点，崇文命就是伟大的。

他的功绩，千秋万代为世人传颂。

崇文命离开家的那一天，他新婚刚刚四天。

新婚妻子怀上了骨肉。

史书上说，崇文命为了治水，三过家门而不入。

哪三次呢？

第一次，是他的妻子刚刚生下儿子；

第二次，是他的儿子在妻子怀中向他招手；

第三次，儿子十几岁了，跑到他身边，想把他拉回家。

但为了赶工程进度，每次他都狠心没有走进家门。

何等的敬业精神啊！

我们上初中的时候，写议论文，也经常引用这个史例，去论证老师布置给我们的论点：做事要专注；或，做事要敬业；或，做事要有责任心。

总而言之，崇文命为了治水三过家门而不入，真是充满了正能量，让人感动满满。

但我想告诉你的是，这不一定是真相。

我们从正常的人性出发，一个水利总工程师，离家好几年，每次经过家门口，他不可能连半天的时间都抽不出来。

哪怕只有一个时辰，或者半个时辰。

他一定会回到家里，跟妻子儿子温存一番再走。

但是，崇文命偏偏三次经过家门，都没有走进去。

不是他抽不出时间，而是，他根本不敢进去。

虞重华对崇文命是不放心的。

一方面，他必须依靠崇文命治水；另一方面，他担心崇文命惦记着杀父之仇，他必须时时提防着崇文命，而崇文命的妻儿，就是牢牢控制崇文命的最好筹码。

在崇文命的身边，有两个时时刻刻盯着他的人，就是伯益和后稷。

在这个非常时期，但凡崇文命回家探视妻儿，就会引起虞重华的疑心。

去跟你妻儿会合，目的何在？是想借机携家人逃跑？逃跑之后找机会来报仇？

任何一点点风吹草动，都可能让崇文命的妻儿从这个世界上神秘地消失。

崇文命太清楚不过了：自己只有老老实实干活，不跟妻儿有任何的接触，才是保全妻儿最好的办法。

因此，每次经过家门，他都忍着内心的痛苦和煎熬。他只是远远地往家门望上一望，又故作轻松地大步走过。

崇文命治水获得了极大的成功。

在这么多年里，崇文命没有向虞重华流露出一丝一毫的怨恨。

并且，此时虞重华已经监国十二年，牢牢掌握了中央政府的最高权力，肃清了所有的政敌和对手。

天下，已无人可与之抗衡。

他相信，崇文命没有能力兴风作浪。

自信满满的虞重华，终于对崇文命放松了警惕。

但是，千算万算，虞重华还是漏算了一个小细节。

这个小细节，奠了让他自食其果。唐放勋身上发生的一切，最终，又在他身上重演。

崇文命治水，这是当时一等一的大事，这种浩大的工程，必须用到巨大的人力财力物力。

没有足够多的人，没有足够多的财物，治水这玩意儿，根本就玩不转。

因此，崇文命不断地向姚重华要人要钱要物。

这个理由是合理的。

虞重华没有丝毫的怀疑。

但是虞重华不知道的是，崇文命正是通过这个，建立起了一支绝对忠于自己的政治力量。

这十几年的时间，崇文命跟那一帮做水利工程的手下，吃在一起，住在一起，一起翻山越岭，一起淌河过川。

他们经历过无数次的生死。

期间发生过无数次独属于男人之间让人痛哭流涕的感人故事。

他们之间的情谊，十几年下来，真是比血还浓，比海还深。

他们无一不成了崇文命的生死兄弟。

他们每个人都愿意为了崇文命去死。

在这个过程中，崇文命最厉害的是，他以他巨大的人格魅力和治水功绩，成功策反了一直监督他的伯益和后稷。

也就是说，现在的伯益和后稷，是崇文命的人。

他们二人最终成了崇文命的死忠粉。

虞重华称帝之后，改组了政府组织，设置了九大机构。

经过二十九年的考验，虞重华确定崇文命不会再找他复仇，于是，他重重地任用了崇文命。

他任命崇文命为司空，并赏了一块封邑——夏地，给崇文命。以部落为氏，所以，从此以后，我们要叫崇文命为夏文命。

司空，是百官之首，一人之下，万人之上。

另外，他还任命伯益为朕虞（林业部长），掌管山林。

他一直以为伯益是自己人，他不知道的是，伯益早已悄悄地投靠了夏文命。

如此，中央政府的核心部门，夏文命一派，就牢牢占据了两个部门。

这么多年来，在夏文命的心里，他复仇的心思从来没有减灭过。

那个从年轻时立下的志愿，一直隐忍在心里。

但是，他迟迟不动手。

不是他不想，而是不能，也不敢。

虞重华称帝后，威震天下，所有权力都牢牢掌控在他手里。

虽然夏文命贵为司空，但是，虞重华要废掉他，也就一句话的事。

因此，夏文命仍然必须时时刻刻小心谨慎。

他一如既往地向虞重华表示他的忠心不二。即使虞重华偶尔开玩笑地问他有没有介意杀掉他父亲，他也必须赶紧地说，这都是先父治水无功，自己造下的罪孽，须怪不得大王您。

虞重华仰天大笑，他确信，这是夏文命的真心话。

夏文命唯一的办法，只能是等，等待虞重华老去。

但是，他也不是单纯地等待。

在这个过程中，他一边继续治水，一边利用他的地位和权力，暗中拉拢朝廷其他机构的部长们，并与全国各地的很多部落首领暗通款曲。

慢慢地，很多的部长与部落首领开始向他靠拢，比如司法部长皋陶，就是他的好朋友。

从中央朝廷到地方部落，他交织起了一张庞大的政治关系网。

在虞重华八十三岁的时候，他立长子商均为帝储。

这时，曾经发生在唐放勋身上的历史再度重演了。

来自很多部落的使者，向虞重华表示，商均德不配位，根本不适合继承帝位。

　　"那请问谁更加适合？"虞重华愤怒地问道。

　　"夏文命治水，功德无量，天下无人不服。只有夏文命才有资格继承帝位。"

　　虞重华恐惧了。

　　类似的话，在几十年前，他就听到过。

　　不过，那时来自东夷的使者们一致向唐放勋说的是他虞重华的名字。

　　这个时候，他才蓦然发现，朝堂上下，已经处处是夏文命的人了。

　　在不知不觉间，他已经被崇文命架空了。

　　夏文命终于出手了。

　　就在商均被立为帝储之后不久，夏文命发动了政变。

　　他软禁了虞重华和商均两父子，并把两人分别禁于两处，不让两人相见。

　　然后，夏文命逼迫虞重华下了谕旨：自己年老体衰，由夏文命担任监国。

夏文命终于完成了那个筹划了几十年的复仇计划。

他曾经的复仇计划 1.0 版，是要杀掉虞重华，为父报仇。

但是，现在，他的复仇计划早已升级到了 2.0 版。

所谓的 2.0 版，就是夺取虞重华的天下。取代虞重华，成为那个高高在上的帝王。

这才是复仇的最高境界。

夏文命在监国的位子上坐了十七年。

他一直在等待虞重华自然死去。

没想到虞重华跟唐放勋一样，寿命长着呢。

如果继续等下去，虞重华没死，自己倒快老死了。

那时的夏文命也八十九岁了，再不登基称帝，只怕来不及了。

于是，他把一百岁的虞重华流放到遥远的苍梧之地。

苍梧之地，是当时出了名的边远荒凉之地，瘴气弥漫，野兽频出。

夏文命对外宣扬说，大王以前经常喜欢巡视天下，这有很多年没去巡视了，现在想去苍梧巡视。

老百姓一听，感动得眼泪哗哗流：大王真是勤政啊，年纪一大把了，还要出差去外地。

以前虞重华执政的时候，去外面巡视，都会带着娥皇、女英两个老婆。

但是这一次，他没有带老婆去。

夏文命根本不会让他带老婆去。

本来就是发配你去受罪的，让你在那里早点死掉，还带老婆去伺候你。你以为是搞江南七日游啊！

就这样，一百岁的虞重华孤零零地一个人上路，去到了苍梧。

在苍梧那个鸟不拉屎的地方，他想起了这一辈子经历过的所有兴衰荣辱。

其实，说起来，从一介平民，逆袭成为帝王，这一生轰轰烈烈，实在是了不起了。

没什么好遗憾的。

至于最后沦落至此，也可以说是报应。

只不过，年纪大的人，身处今时今日凄凉的场景，想起曾经的荣华富贵，总不免有些悲伤。

不久，虞重华就因病死于苍梧，后来葬于九嶷山。

一代伟大的舜帝，就此陨没。

接下来，夏文命开始了他精彩的表演。

他的表演，完全复制前辈虞重华先生。

虞重华死后，帝储商均还在，他才是法理上名正言顺的帝位继承人。

夏文命把商均放了出来，让他登上了帝位。

只不过，几乎所有的大臣，都跑到崇文命的夏部落都城阳城（今河南省登封市）去办公了；天下所有的部落首领，也跑到阳城去向他汇报工作。

什么都没变，除了办公地点。

而黄帝王朝此时的帝都蒲阪，名义上的中央政府所在地，却成了空荡荡的一座孤城。

这座孤城里，只有孤独的商均。

三年之后，在一股强大的政治势力的胁迫下，商均宣告退位。

为了保命，他诚惶诚恐地把帝位禅让给了夏文命。

公元前2070年，夏文命在安邑（今山西省夏县）正式称帝，是为禹帝。

夏文命在位的时间不长，只有九年。在这短短九年时间里，他干了三件惊天动地的大事。

第七章

文命执政

干了这三件事，我可以瞑目了

第一件事: 征伐三苗

说来这个三苗, 可令尧舜禹三代帝王头疼不已。

三苗是当时南方最大的部落联盟。在黄帝王朝向南方扩展势力的时候, 遭到了三苗顽强的抵抗。

在唐放勋的时代, 三苗曾经雄赳赳、气昂昂, 跨过长江, 兵锋直抵河南南部和湖北西北部, 这是杀入了黄帝王朝的势力范围。

唐放勋派出儿子丹朱征伐。丹朱虽然性格暴烈, 跟老爹不和, 但打起仗来, 还是很有一手的。

在丹山那个地方, 丹朱一举把三苗打败。三苗向丹朱投降。

此后不久, 因为虞重华因禁了唐放勋, 自任监国, 丹朱在南方自立为帝, 拉起一帮人马就开始向虞重华开炮。三苗成了丹朱反虞的重要军事力量。

但丹朱还是失败了, 三苗再度向黄帝王朝投降。

投降后, 三苗协助夏文命, 参与了治水。

治水取得了一定的成效后, 虞重华论功行赏。但是他偏偏选择性地忽视了三苗。

受到不公平待遇的三苗当然不服了, 发一声喊: 反了!

夏文命当然知道三苗受了委屈, 但是他必须站稳他的立场。

为了向虞重华表达忠心, 他向虞重华请战, 由他亲自去征伐三苗。

这个时候的虞重华估计有点后悔。大错是他铸下的, 不能一错再错。

"这个本来就是我们因为德薄犯下的错误, 现在反而要用武力去征伐三苗, 这个是不道德的。"

虞重华决定采用两手准备来对付三苗。

一方面, 他对三苗实施了温和的政策, 推行了洗脑的文化, 去教化三苗；另一方面，他又加紧练兵，随时准备出兵讨伐。

他给了三苗三年时间，只有三年。如果三年内三苗不主动归降，大军朝发夕至，必将直捣黄龙，血洗三苗。

三苗在虞重华又拉又吓的政策下，怂了，不得已，只好又归顺了。

经过几十年的教化，这时的三苗已经成了虞重华的死忠粉了。

当三苗听说虞重华被夏文命发配到苍梧死掉了，全族悲伤，立即兴兵，向夏文命发动了进攻。

面对曾经一起并肩治水的战友，夏文命心里很矛盾。

说实话，夏文命对那帮老战友还是很有感情的。

但是，现在他是黄帝王朝的帝王，身份不同了，谁若是侵犯他，那必须猛烈地打回去。

于是，他筹划发动一次大规模的战争，把三苗那帮人彻底征服，把他们的土地纳入黄帝王朝的势力范围。

古代帝王大凡出兵，一般都要搞个祭祀活动，就是向上天祷告：上天啊上天，我这是正义之师，这次前去征伐某某，请务必保佑我大军到处，敌人闻风投降。

夏文命当然也不例外，他跑到玄宫，举行了一场隆重的祭祀活动。

祭祀完之后，他全身武装，又举行了一次隆重的誓师大会。

这次誓师大会上，集合了黄帝王朝所有最勇猛的部落，最精良的士兵。

他手执玄圭，走上高高的誓师台，大声宣布：三苗不听教化，屡次叛乱，天下苍生受到戕害，民不聊生。我受天地、祖先之命，前去征讨，希望大家同心协力，以诛有罪！

然后，他抽出身边的宝剑，高高擎起："出发！"

誓师大会结束后，水利工程师出身的夏文命，御驾亲征。

我们在电视里，看到皇帝亲征的画面，动不动就是几十万人，那气势，很是恢宏震撼。

夏文命御驾亲征带了多少人呢？

答案是：五千人。

你别笑，在那个人口稀少的年代，五千人已经是极强的军事实力了。

夏文命率领着这五千人大军，浩浩荡荡地来到了江汉流域。

江汉流域正是三苗的大本营。

三苗虽然名声很响，但那些士兵基本都是游击队员，没有经过专业训练，打个埋伏还行，如果真要搞大兵团作战，还是差了点儿意思。

夏文命的五千人军队，已经是那个年代最强大的军事力量，并且都经过专业的军事训练。

战争的过程就不详细写出来了，因为真的毫无悬念。

战争刚刚开始，三苗的最高首领就被中央军的一支冷箭给干掉了。

首领一死，三苗军心立时大乱，发一声喊，丢盔弃甲，四散逃跑。

老实说，夏文命是很失望的。

早知道三苗这么不经打，根本就不需要他御驾亲征，随便派一员大将来对付对付也就完了。

征伐三苗的胜利，让夏文命的威望达到了前所未有的顶点。

臣民们都很感叹：原以为大王只会治水，没想到打仗也这么厉害。真是能者无所不能啊！

战胜三苗后，很多原本还在观望的部落首领，纷纷自动归顺。

黄帝王朝的疆土，得到了进一步的扩展。

第二件事：立储

班师回朝后，夏文命携赫赫军威，打算立储。

在他的计划里，当然是要立长子夏启为帝储了。

但是，如果直接立夏启为帝储，是要遭天下人非议的。

为什么呢？

这话必须从长说起。

从神农氏建立神农氏王朝起，一共传了九位帝王，一直实行的是"世袭制"，也就是老子传儿子，儿子传孙子。

熊轩辕建立黄帝王朝后，一直到尧帝，五代六帝，秉承的也是"世袭制"。

但到了虞重华，情况就有所变化了。

虽然虞重华很明显是篡位，但给天下臣民的感觉，就是丹朱高高兴兴、心甘情愿地把帝位禅让给了虞重华。

虽然夏文命很明显也是篡位，但给天下臣民的感觉，就是商均高高兴兴、心甘情愿地把帝位禅让给了夏文命。

就这样，上百年过去了，到了夏文命这里，虽然没有明确规定，却在当时整个社会形成了一种约定俗成的政治规则：帝王必须选出一位公认的德高望重的贤能之十，来当下一任帝干。

虽然每个人都知道，这个认真操作起来，是很扯淡的，但约定俗成就是这样，你就算不喜欢，也必须装出个样子来。

夏文命开始装了。

他公开表示：我夏文命绝对会继承尧帝、舜帝传下来的优良传统，把帝位传给一位德高望重的人。

他选择的这个德高望重的人（傀儡），就是皋陶。

皋陶的资历，在夏文命时代，如果他称第二，就无人敢称第一。

就连夏文命，在他面前，也是小字辈。

皋陶早年就为唐放勋效命了，当然，他并没有得到唐放勋的重用。

虞重华却是慧眼识人，他任命皋陶为司法部长。

皋陶上任之后，搭建起了一套完整的司法制度体系（五刑、五教），采用独角兽獬豸（xiè zhì）治狱，坚持公平公正的原则；他还把"法治"与"德治"结合起来，大大促进了社会和谐，最终形成了天下大治。

在夏文命称帝之后，皋陶更是被人们称为四圣之一，排名在唐放勋、虞重华、夏文命之后。

试问天下还能找到第二位比皋陶更有资格继承帝位的人吗？

没有！

为了把皋陶扶上位，夏文命召开了一次部落联盟首领大会。

因为这次大会地点在涂山（今安徽省蚌埠市禹会区），因此，这次大会就叫涂山大会。

这是一次在历史上极为知名的政治会盟。

在涂山大会刚刚开始的时候，发生了一个小小的插曲。

大会主席夏文命按规定的时间到场，看谁到了，谁没到。

所有的人都到齐了，只有防风部落的首领还没到。

历史上没有留下这位首领的名字，我们权且叫他防风氏。

等到防风氏心急火燎地赶到的时候，夏文命生气地质问：你今天怎么回事，居然敢迟到，你不知道今天的会议很重要吗？

防风氏随便找了一个借口，早上吃坏了肚子，拉稀，所以迟到了。请原谅！下次一定不敢了。

夏文命震怒：还有下次？没机会了！一挥手，就叫武士把防风氏拉下去砍了。

有的人就求情了：防风氏当年跟着您一起治水，功劳甚大，请大王您饶他这一回。

夏文命的回答是不行，规矩就是规矩，功劳再大，也不能破坏大会的规矩。

就这样，劳苦功高的防风氏在天下部落首领面前，被砍了头。

一时之间，所有人都战战兢兢。

其实，夏文命杀防风氏的根本原因，不是他迟到，而是他曾经出言反对夏文命名义上立皋陶、实际上是为夏启铺路的做法。

任何反对自己的人，都必须铲除。

因此，拿着防风氏迟到的借口，夏文命果断杀了他。

这叫杀鸡儆猴。既铲除了政敌，又树立了自己帝王的威信。

接下来，夏文命就像什么事也没发生过一样，讨论大会最重要的议题：选举皋陶为帝储。

夏文命郑重地表示：我的天下是受之于舜帝，将来也必定要传之贤人，绝不会私之一家一姓。

他提议：我推荐皋陶当帝储，大家有什么意见？

大家能有什么意见，还不是您说了算。

夏文命看到大家没异议，很满意，于是，他庄重地向天宣称："兹查群臣中惟皋陶老成圣智，夙著功德，今谨荐于皇天，祈皇天允许，降以休征，不胜盼祷之至。"

看着夏文命在上面装模作样，很多部落首领就像看猴把戏一样。

表面上看，皋陶当帝储，毫无争议。

但是，这却是一个天大的笑话。但凡有点常识的人，都在想：夏文命，你太能装了，还有比你更能装的人吗？

因为，皋陶的年纪实在是太大了，比夏文命还大。

夏文命那时九十多岁，皋陶已经一百多岁了。

你把一个眼看就要入土的老人家拉过来当你的继承人，这不是做样子给天下人看吗？

谁还不知道你那心思，不就是拉一个垫背的来过渡一下，然后好名正言顺地让你儿子夏启来继位吗？

大家看破不说破而已。

涂山大会是一次成功的大会，胜利的大会。

它确定了夏文命的绝对领导地位，确定了皋陶老先生为合法继承人，并规定了各个部落对中央政府在纳税纳贡方面的义务，同时也规定了中央政府对各个部落在国防方面的保护责任。

涂山大会的胜利召开，让夏文命很兴奋。

看来，一切都在按照他的计划，有步骤地进行。将来黄帝王朝的帝位，一定会顺利地落在自己的儿子夏启手中。

但是，意外还是发生了。

就在夏文命返回帝都的半路上，急报传来：皋陶老先生仙逝了。

看来皋陶很有骨气，他不愿意成为夏文命的傀儡，先行一步：告辞，不陪你玩了。

夏文命很悲伤，同时也很头疼。

悲伤是真的，毕竟皋陶老先生跟他那么多年的同僚关系，情谊还是很深的。

头疼也很能理解，现在皋陶老先生一死，上哪儿再找一个德高望重的人当傀儡去？

想来想去，他想到了一个多年好友。

那就是伯益。

伯益跟夏文命是生死兄弟。

在夏文命发动政变夺取虞重华权力的过程中，作为林业部长的伯益发挥了重要作用。

因此，一直以来，夏文命都把伯益视为左膀右臂，委以重任。

现在，皋陶死了，他最信任的人就是伯益了。

那就只有委屈伯益来当这个傀儡了。

伯益先是推辞，再推辞，一再推辞，最后在夏文命的反复劝说下，终于答应了下来。

"大王，先说好，我可不是为了当帝王，也从来没有想过当帝王。纯粹是帮你，帮我那个大侄子啊！"

"这个我知道，感谢感谢！"

夏文命放心了。

夏启也放心了。

有了伯益这块垫脚石，黄帝王朝就是他夏家的，千秋万代，传之后世。

第三件事：铸鼎

各个部落首领看到夏文命如此雷厉风行地定好了新的帝储，也都默契地配合他演戏。为了庆祝新的帝储人选的诞生，各个部落都纷纷向中央政府进献青铜。

话说当年黄帝功成，采集首山的青铜，在荆山之阳，铸了三只宝鼎。从此，鼎就成了王权的象征，传国的宝器。谁拥有鼎，就意味着谁是至高无上的帝王。

但是数百年下来，时局动荡，战乱频繁，这三只宝鼎居然丢失了。

于是，重新铸造宝鼎，向天下宣示帝王的权威，就成了夏文命必须完成的历史任务。

在神农氏王朝的时候，天下就是九川；后来，虞重华把九州改为十二州；到了夏文命执政，他又重新改为九州。

九州，就是整个天下。

夏文命下令：把部落首领进献的所有青铜，铸成九个宝鼎。

天下能工巧匠，费时数年，终于铸成了九鼎。

哪九鼎？

冀州鼎、兖州鼎、青州鼎、徐州鼎、扬州鼎、荆州鼎、豫州鼎、梁州鼎、雍州鼎。

这九个鼎上，镌刻着每个州的山川名物，珍奇异兽。

一色儿摆在帝都阳城，那真是气势磅礴，气度恢宏。

摆在正中央的鼎，是豫州鼎。

因为豫州是中央之枢纽，豫州鼎，即为九鼎之至尊。

自此，九鼎成为黄帝王朝乃至后代历朝最高王权的象征。

所有进入帝都的部落首领，第一件事，就是要向九鼎行大礼，就跟向帝王行大礼一样。

干完这三件事后，又过了三年，夏文命驾崩了。

他是心满意足地死去的。

相较于唐放勋和虞重华晚景的凄凉，他的结局是最完美的。

他把架构全都搭建好了，接下来，只需要大臣们按照他的计划行事，他的儿子夏启就能顺利执掌政权。

为了儿子，为了黄帝王朝的千秋霸业，夏文命也是鞠躬尽瘁，死而后已了。

但是，他无论如何也想不到，他死后，还是出事故了。

一向对他忠心耿耿的伯益，一旦坐上了帝位，就不肯下来了。

第八章

夏启夺位

原来的剧本不是那样写的

伯益本来是个老实人。

当初虞重华派他在夏文命身边当卧底，他遵从虞重华的命令，尽心尽力地把夏文命的一举一动，及时汇报给主子听。

夏文命一开始就知道伯益的卧底身份，但是他并没有说破。

他把伯益当成真正的助理来对待，凡事都跟他商量。

在他们朝夕相处的几十年治水的过程中，伯益深深地为夏文命卓越的治水才能所征服，同时也被他的人格魅力所吸引。

一个如此伟大的人，自己却时时监督他，真是一个卑鄙的小人。

于是，他向夏文命投诚了。

他真心诚意地跟夏文命混。

而夏文命，也真心诚意地把伯益当成最好的兄弟。

伯益是一个很有才能的人。

他在协助夏文命治水的同时，还教老百姓在地势低洼的地方种植

糟糕，他的魅力太大，我抵挡不住要沦陷了。

水稻。

他还发明了在内陆凿挖水井的办法，这样一来，人们就不必居住在沿河地带了。

他还教人们积极地发展畜牧业和酒业，让人们可以大块吃肉，大碗喝酒。

夏文命即位后，他还积极地帮助夏文命处理各个部落、各个民族之间的矛盾，让部落、民族的心都归于夏文命。

总而言之，伯益为夏文命一朝，做出了积极的贡献。

对于这样一位有功之臣，夏文命非常信任他。

夏文命毫不犹豫地把伯益立为了帝储，他相信，伯益一定会遵守约定，时间一到，就把帝位禅让给自己的儿子夏启。

但帝储还是看走眼了。

伯益的确是一个老实人，但是，再老实的人，在执掌最高权力之后，权力就会把他变得不老实。

因为权力是会让人上瘾的。

明朝正统十四年，明英宗朱祁镇受到太监王振的蛊惑，亲率二十万大军，迎战入侵的瓦剌军队。结果一败涂地，朱祁镇被瓦剌给俘虏了过去。这就是著名的土木堡之变。

当时朱祁镇的儿子朱见深还是个小娃娃，根本不可能掌控当时危险复杂的时局。

这时，所有的大臣都拥戴朱祁镇的亲弟弟朱祁钰当皇帝。

在这样的时候当皇帝，无异于坐在火炉上当烧烤羊肉串。

朱祁钰不是傻瓜，所以他鬼哭狼嚎，打死也不肯当这个背锅的皇帝。

但是，你不当，谁来当？不当也得当！

所有的大臣逼朱祁钰当皇帝。

朱祁钰最后实在没办法了，大哭三声，一咬牙，把命豁出去了，心不甘情不愿地当了这个皇帝。他内心里还筹划着：一旦时局不利，我立马退位。

在最危难的时刻，新任兵部尚书于谦挺身而出，发动了北京保卫战，把攻到北京城下的瓦剌军队击溃，挽救了大明王朝。

朱祁钰作为支持于谦的领导，也凭借此战，声威日隆。

原本不想当皇帝的朱祁钰，此时尝到了当皇帝的好处，越当越上瘾，不想下来了。他最大的心愿，就是远在瓦剌的哥哥朱祁镇最好死在异乡，别再回来了。

他甚至千方百计想害死朱祁镇，这样他的皇位就能保住了。

然后，他还找借口废掉原来的太子——也就是朱祁镇的儿子朱见深，立自己的儿子朱见济为太子。

他是一心一意要让自己的直系子孙在大明王朝的帝位上千秋万代地传承下去了。

伯益也没有走出这个人性的规律，没有逃脱历史的规律。

他当上帝王之后，夏启成了他最大的威胁。

他决定，除掉夏启。

说来夏启也是一个可怜孩子。

在他还是一个胚芽的时候，他老爹就离家去外面治水去了。

出生后，他就跟着他那个可怜的娘相依为命。

没过几年，他娘也死了。这下他就彻底成为一个孤儿了。他只能寄居在他外婆家，由姨妈照顾他。

在他十岁的时候，有一天，姨妈忽然指着外面一个陌生的男人说，那就是你爹，快去认爹。

他高兴地飞奔了过去，扑进老爹怀里，一个劲儿地叫爹。

夏文命很激动，但是他又不敢多做停留，连丈母娘家的门都不敢进去，生怕害了一家人，放下儿子，跟着大部队就急匆匆地走了。

夏启睁着一双大眼睛，泪眼汪汪的，看着老爹远去的身影。

那一幕情景，他终生难忘。

后来，夏文命总算治水有成，得到虞重华的批准，回来了。

回来之后，他娶了小姨子为妻。

夏启从小跟着姨妈，现在，姨妈正式成了他妈。

夏文命对这个儿子是充满了愧疚的，因此，后来夏文命当了朝廷大官，在物质上是尽量满足儿子的需求的。

在父亲的教育和影响下，夏启也成了一名有着雄心壮志的政客。

眼看着父亲夺取了虞重华的实权，最兴奋的就是他了。

因为这意味着，将来执掌黄帝王朝最高权力的人，就是他夏启。

老爹死后，夏启很悲伤，但是也没有想象中那么悲伤。

因为，老爹已经为他铺好了路，他只要等伯益大叔在那个位置上象征性地坐三年，就可以名正言顺坐上去了。

遗憾的是，剧情并没有按照他想象中的那样走。

野心勃勃的伯益很快就出手了。

他以迅雷不及掩耳之势，把夏启给抓了起来，投进了监狱。

夏启完全蒙了。

伯益大叔这是玩的哪一出啊？

在老爹亲自写的剧本里，好像没有这个情节啊。

——伯益导演，你擅自修改剧本，小心我告你侵权！

但是伯益冷冷地告诉夏启：对不起，现在，我是投资人，我想怎么改剧本就怎么改。

伯益此时已经胜券在握。

他现在唯一要考虑的是：是把夏启杀了，还是永久性地囚禁下去。

如果把夏启杀了，是要考虑政治后果的。

因为，第一，夏启是夏文命的长子，现在中央政府的高官，杀了他，如何向天下臣民交代？第二，无论是虞重华还是夏文命，他们在发动政变之后，都没有把前任帝王杀掉，只是囚禁，这似乎成了一个传统。伯益是否有勇气打破这个传统？

伯益陷入了纠结当中。

而正是他的纠结，让他犯下了致命的错误。

就在他纠结的时候，忽然传来一个消息：夏启越狱了。

什么？逃走了？

快快抓捕！

但是，一切都晚了。

夏启成功越狱之后，快马加鞭，连夜赶回到自己的封地。

现在，摆在他面前的，只有一条出路：起兵造反，夺回本属于他的帝位。

夏启是熟知历史的：曾经，虞重华软禁了唐放勋，成为监国。远在南方的丹朱，以帝储的身份，自立为帝，兴兵讨虞。但是，最终还是由于实力不济，兵败丹浦（丹水之滨）。

要如何避免重蹈丹朱的覆辙呢？

首先，要历数伯益的罪状，比如无缘无故囚禁禹帝儿子，比如称帝后毫无作为，辜负了先帝和天下臣民的厚望。还要给伯益泼泼脏水，污蔑他是通过蛊惑先帝、贿赂部分大臣和部落首领，以不正当的手段成为帝储的。总而言之，这就是一个毫无廉耻、道德败坏的小人，根本不配当帝王。

其次，要充分宣传夏启的正宗血统，称颂夏启完美的道德品质和举世无双的才能，从舆论上引导天下臣民，认为夏启才是帝王的最佳继承人。

再次，也是最重要的一点，一定要从中央朝廷和地方部落，联合一切可以联合的政治力量和军事力量，从实力上压倒伯益。

必须承认的是，夏启制订的这个计划，无懈可击。

在夏启策划团队强大的舆论宣传下，伯益的人设崩塌了，夏启的人设则树立起来了。

很多的大臣和部落首领，纷纷去投奔夏启。

随着越来越多的臣民支持夏启，夏启策划团队就可以大肆宣传：天下归心，归心于夏启！

伯益这个九十多岁的老年人，这时成了一个真正的孤寡老人。

夏启经过了精心的筹备，时机已经完全成熟了。

这时，夏启登高一呼，开始向伯益所在的帝都阳城发兵。

大军士气旺盛，兵锋所指，一路势如破竹。

双方在阳城下陈兵，展开了激烈的交战。

最终，伯益的中央军队不敌夏启的部落联盟军队。

城破了。伯益被俘。

伯益失败的根本原因，是因为他顾虑太多，或者，是他太心软了。

一个真正成熟的政治家，必须冷酷无情，杀伐决断。

如果你不残忍地对待你的对手，你的对手就一定会残忍地对待你。

夏启冷冷地看着这个曾经待自己亲厚如父的大叔。

他吸取了伯益失败的教训，绝对不会重蹈伯益失败的覆辙。

他一挥手，伯益被拉了下去，立即被处决了。

然后，他颁布了他的第一道"谕旨"：伯益叛乱，我奉天讨伐，现在，我以上天的名义，把他处决，以正法典。

行了，你是胜利者，随你怎么说都是对的。

历史，永远是属于胜利者的。

失败者，你的名字叫"贼寇"。

公元前2061年，夏启正式登基称帝，国号：夏。

夏文命虽然是夏部落的最高领袖，但是，他承继的仍然是黄帝王朝的政权，并没有改朝换代。

也就是说，夏文命其实是黄帝王朝的倒数第二任帝王。他顶多是大夏王朝的奠基人。

大夏王朝的真正创建者，是夏启。

无论是虞重华还是夏文命，他们虽然篡位，但表面上还是要讲究一套仁义礼节的。

所以，在舆论宣传上，他们都不是篡位，而是前任帝王让贤给自己。既捧了前任，也捧了自己。

虽然别人背后会说三道四，但至少明面上，他们是大公无私的。

夏启从小没有接受多少教育，他就是一大老粗，粗暴、直率，想怎样就怎样。

他嫌那套名为禅让、实为篡权的"禅让制"太虚伪了，不如来点实在的，直接把"禅让制"改为"世袭制"。

也就是说，他打算让他的直系子孙，世世代代合法地继承大夏王朝的帝位。

于是，称帝之后不久，他就召集全国各地的部落首领，开了一次盟会。

这就是历史上有名的钧台之享。

所谓"钧台"，就是指为上帝群神修建的台坛。

夏启性格上不喜欢装，但是作为帝王，基本的礼仪他还是懂的。

他率领所有的大臣和部落首领，在钧台上，举行了一场盛大的献祭神灵的活动。

祭祀活动结束后，他就当着所有人的面，直截了当地提出：禅让制不行，已经跟不上时代的发展了，我主张实行世袭制。

此时的夏启权势熏天，军事力量十分强大，他说的话，谁敢不听？

即使有人内心不服气，但是在这种庄严肃穆的祭祀场合下，有谁敢对他说半个"不"字？

结果，全票通过。

给人的感觉是，大伙儿早就对禅让制不满了，幸好今天老大你提出来废掉，这真是顺应天命啊！

夏启无疑很满意。

于是，从此刻起，大夏王朝正式启用"世袭制"。

其实，从神农氏王朝起，一直到黄帝王朝的中期，实行的都是世袭制。

不过，那个年代的"世袭制"，跟夏启开创的"世袭制"，还是有着很大的区别的。

之前的"世袭制"，它并没有从法理上规定必须是帝王的儿子继承帝位，也可以由帝王直系之外的人继承帝位。

王子也好，外姓也好，只要是贤能之士，只要经过民主举荐，都有资格成为帝储候选人。

只不过，政治是很现实的，把一个外姓人和一个王子搁一块选举，你说大臣们选谁？

毫无疑问，当然是选王子。

于是，我们可以看到，之前继承帝位的，无一不是王子，没见过哪个外姓人被选举当上帝王的。

虽然如此，这套选举体制，对于帝王家来说，还是有着很大的漏洞的。

因为这会给到某些权臣钻空子的机会。

虽然这个空子很小很小。

但，很小并不等于没有。

到了唐放勋的时候，这个空子终于被虞重华抓住了。

他名正言顺地当上了帝王，谁也没说二话，因为人家是走了正常选举通道的。

后来，夏文命也是抓住了这个空子，顺利登基为帝。

夏启提出的"世袭制"，把这个漏洞彻底给堵上了。

再也没有给外姓任何的机会。

这就是后世史家津津乐道的"公天下"变"家天下"。

夏启造反夺权、实行"世袭制"，虽然很多人敢怒不敢言，但毕竟还是惹恼了一个人。

这个人是有扈部落的首领。因为历史上并没有留下这个首领的名字，我们权且叫他有扈氏。

有扈氏是有着光辉的人生经历的。

早在夏文命执政的时候，有扈氏就仗着自己的部落实力强大，反对过夏文命。

夏文命二话不说，率兵就去讨伐。

没想到有扈氏的实力真不是吹牛的，硬扛硬，跟夏文命大战三百回合，居然没落下风。

武打打不过，夏文命就搞文打。

具体来说，就是向有扈氏进行文教洗脑。

结果有扈氏是吃软不吃硬，接受夏文命一年的洗脑之后，服了，表示愿意归顺夏文命。

现在，夏启公然造反夺权不说，还改变了传统的帝王选举制度，这让有扈氏很是愤怒。

制度一改，自己哪还有机会称帝？

既然你敢造反，那我可不可以也造反？

在夏启召集的大会上，他人多势众，有扈氏审时度势，没有现场翻脸。

一回到自己的部落，他立马集合了部队。

——当年你老子都打不过我，现在你小子乳臭未干，我还怕你？

怀着这种自信，他亲率部落最精锐的部队，向夏启发兵。

得到有扈氏造反的消息，夏启没有慌乱。

他果断地做出了决定：我会像我的父王一样，御驾亲征，与你决一死战。

上次发兵，他是以叛乱者的角色；这一次发兵，他是以大夏王朝帝王的身份，很正统，所以他底气更足。

这一次的决战地，是在甘地（今河南省洛阳市西南）。

夏启的策划团队不愧是顶级团队，兵马未动，宣传先行，洋洋洒洒，一篇叫《甘誓》的誓师文新鲜出炉了。

"将士们：有扈氏依仗武力，违逆五行，废弃正道，因此上天要剿灭他。现在我奉上天的旨意惩罚他。打仗的时候，你们必须执行我的命令。执行命令的，我就在祖宗面前赏赐你；不执行命令的，我不仅要在神社面前杀死你，还要把你的妻儿降为奴隶。"

这一篇文章非常符合夏启这个从小缺少良好教育的粗鲁之人的口吻。

在这样赤裸裸的威胁之下，将士们必须勇猛向前，勠力杀敌，否则，自己一家人完蛋。

大战在甘地一触即发。

有扈部落军队首先发动了攻击。有扈氏更是身先士卒，冲进中央军队，一顿西瓜乱切。

看到有扈军队如此骁勇，中央军也不甘示弱，奋勇厮杀。

战场陷入了混乱。

夏启作为帝王，不好亲自上战场，只在后方高处，观察战场上的情况。

当他看到有扈部队如此骁勇善战，而中央军却渐渐不支，不由得心惊肉跳。

他太明白战争失败会给他带来什么样的结局了。

他自己就是造反起家的，胜利了，所以如今当上了帝王。

如果在这一战输了，自己只怕就是伯益第二。

如他所料，第一回合，中央军输了。

当然，他并没有成为伯益第二。虽然军队损失惨重，但元气未伤。毕竟大夏王朝的军事实力摆在那。

虽然他是个粗鲁之人，但他有一个优点，就是比较擅长总结经验教训。

他认为：我地广人多，战争却失利，根本原因是我德行浅薄，教化不好。

他终于意识到，像《甘誓》里那种威胁士兵的话，看起来意气风发，实际上蠢得像猪。

于是，他私修品德，公施恩泽，励精图治，任用贤能。

他用了一年的时间，让自己成了一个合格的帝王。

在这一年里，国家经济更加发达，军事力量更加强大，天下老百姓也更加归心于他。

然后，他再次与有扈部队在甘地进行第二次决战。

这一次，有扈部落投降。而首领有扈氏呢，被一刀结果，他的家人，也全部沦为奴隶。

征服有扈氏之后，夏启的威望达到了顶点，各方首领都臣服于大夏王朝。

接着，夏启又做出了一项重大的政治改革：他把各处的部落，改为诸侯国，凡部落首领，从此都称为国君。

这些诸侯国都要向大夏王朝进贡，诸侯国国君每隔一段时间，都要来中央汇报工作。

通过这种政治改革，夏启建立起了一种以帝王为中心的分封制度，这就是奴隶制。这种全新的奴隶制度的建立，正式宣告了原始社会的结束。

拥有奴隶、驱使奴隶成了中央政府到地方政府合法的权利，大量的奴隶日复一日不要命地工作，大力促进了社会生产力的发展。

在夏启的统治之下，大夏王朝迎来了一个高度繁荣的全盛时期。

但是，这个全盛时期没过多久，就被他那五个儿子搞得乌烟瘴气。

历史上第一次王子之间的帝储之争，拉开了序幕。

第九章

武观叛乱

老爹，我想跟您学造反

江山稳固，四海升平，八方来朝，天下归心。作为大夏王朝的开国之君，夏启显示出了不亚于老爹的雄才大略。

为此，他得意扬扬，在加强国家管理的同时，也不忘肆意享乐。

劳逸结合，可以理解，毕竟帝王也是人。

那个时代，每一个帝王都喜欢到全国各地去巡狩，夏启当然也不例外。

巡狩，就是公费旅游。

夏启在巡狩的过程中，是很懂得享受的。

他每到一个地方，就要大摆筵席，举行隆重的歌舞晚会。

我们在电视里经常看到，举行歌舞晚会的时候，帝王一般都是端坐在那里，边看表演边喝酒。

但我们的夏启先生，却很讲究互动艺术。

兴致一上来，他就亲自下场去表演。

他在跳舞的时候，左手拿着翳，右手拿着环，身上配着玉璜，跳得可欢畅了。

他在外面寻欢作乐、醉生梦死的时候，在帝都阳城里，他那五个儿子已经对帝储之位展开了激烈的争夺。

无论在神农氏王朝，还是在黄帝王朝，从来没有出现过王子争夺帝储之位的事情。

因为在那个时候，立储的唯一标准，就是贤能——既贤又能。

这个标准立在那，凡是达不到标准的儿子，都会知难而退。

所以，数百年来，在立储这件大事上，王子们之间很少有纷争。

但现在情况不同了。

夏启一手策划制定了新的"世袭制"，这个制度看起来很完美，其实有一个致命的缺点，就是没有确立"嫡长子继承制"。

既然没有这个规定，那就表示，每个儿子都有机会成为帝储。

夏启有五个儿子，分别是夏太康、夏元康、夏伯康、夏仲康、夏武观。

夏太康是嫡长子，虽说夏启没有明确规定"嫡长子制度"，但是夏太康将来继承帝位，是一件大概率的事情。

夏太康长相很一般，品德也很差，要他品评时政他瞠目结舌，但要他饮酒作乐，他却是行家里手。

与之形成鲜明对比的，是老五夏武观。

夏武观容貌隽秀，仪表非凡，谈吐风雅，儒雅沉静。他不贪杯，不喜歌舞，只对时政感兴趣。他礼贤下士，看到大臣名人，更是主动行礼，甚是谦恭。

总而言之，他就是一个完美的人。

这样一个完美的人，却有一个最大的缺点，就是自负。

遍观五兄弟，夏武观认为自己无论学识品行都是第一名，因此，

他很是看不上那个只会饮酒作乐的大哥夏太康。

偏偏夏太康又是最有机会登基称帝的。

一想起自己如此完美，将来却要向这个猥琐的大哥磕头称臣，他就气不打一处来。

于是，年纪轻轻的他，起了邪念：干掉夏太康。

只要干掉夏太康，自己就有很大概率被立为帝储，成为下一任帝王。

想干掉夏太康的不止夏武观一个，老二、老三、老四都有这种想法。

但老二、老三、老四是光有想法，并没有切实可行的计划。

只有夏武观，自负聪明过人，他决定先下手为强。

他买通了祭司。

祭司在当时是一个非常重要的职位，当祭司的人，是负责传达上天与帝王之间交流的信息的。如果祭司说，今年上天恐怕会降罪天下，帝王立马就会采取仁义的措施来补救，以免上天真的降罪天下。

夏武观的计划，就是祭司在祭祀的时候，借上天的口，说夏太康的坏话。这样的话，夏启就会不喜欢夏太康，把他放逐，甚至杀掉。

把夏太康干掉只是第一步。祭司完全还可以借上天的口，说最适合继承帝位的，就是夏武观。

迷信思想严重的夏启，到时只怕不得不听信上天的话，废掉夏太康，立夏武观为帝储。

不得不承认，这是一个完美的计划。

但是，一个人的出现，粉碎了夏武观的计划。

这个人叫彭寿，当时是大彭国的君主（他的爵位是伯，因此也叫彭伯寿）。

大彭国在今天的江苏徐州，按说离河南阳城还是有很长的空间距离。但偏偏隔着这么长的空间距离，彭寿居然察觉到了夏武观的阴谋，估计那时候他因公差就在阳城待着。

彭寿对夏启很是忠心，他第一时间就把这个消息向夏启做了汇报。

夏启立即指示，严审祭司。

祭司受不了刑讯，很快就招出了幕后主子。

夏启很震惊。

其实他早就知道五个儿子为了帝储的事在暗中争斗，他也为此很头疼，也警告过很多次，但基本没什么效果，该争的继续争。

夏武观本来是他最喜爱的儿子，立夏武观为帝储也不是没可能，只是现在他自己还并不老，想着再当几十年帝王应该没啥问题，所以就没想着那么早立储，这事就搁在那儿。

但现在夏武观这行为实在是让他气愤：好啊，你个臭小子，老子我还没归天呢，身体好着呢，你就开始计划谋杀你大哥，企图夺取帝储之位了。要真让你当了帝储，说不定你哪天得寸进尺，把老子我也给杀了，提前登基称帝。

一怒之下，夏启就把夏武观给流放到西河的有莘国（今陕西省合阳县东）。

他让老五在有莘国老老实实待着，哪儿也别去，以后表现好了，还有机会回阳城来看看你爹你娘。

虽说是流放，但夏武观在有莘国可不是干苦力，而是当君主。

有莘国东临黄河，西靠台塬，自然环境很是优美，人文环境也很高雅。按理来说，夏武观待在这个地方养老，那是再适合不过的了。

但自负的夏武观却认为，自己如此雄才大略，不比老爹差，天生就应该是当大夏王朝帝王的料，区区一个有莘国，巴掌大地方，根本容不下他那颗称霸天下的雄心。

于是，他决定，效法老爹，起兵造反。

——既然老爹造反可以成功，我如此优秀，为什么不能成功？

——夏武观，你可以的，加油！

雄心勃勃的夏武观，在有莘国开始悄悄地打造兵器，训练士兵。

他也熟悉老爹造反的经历，知道必须拉拢很多诸侯国，加强自己的军事实力。

遗憾的是，没几个诸侯国愿意跟他一起干这种掉脑袋的事儿。

真是奇了怪了，为啥当年老爹起兵造反的时候，那么多部落首领愿意跟他一块干呢？

聪明的夏武观忘了一点：今时不同往日。

当年夏启造反，是从外姓人伯益手里夺权，很多夏家的亲朋好友必须齐心协力支持夏启夺权，从而获得更大的利益。

现在，夏武观想造反，是从夏家自己人手里夺权，性质完全不一样，大伙犯不着为了夏武观的一己私利去冒险。

但是自负的夏武观没有看到这一点。

表面看起来夏武观跟当年的夏启很像，都有大才，其实，两人压根儿不在一个档次。夏武观雄才是有那么点儿，但是没有大略。

准备了四年，虽然准备根本不充分，但夏武观打听到老爹身子骨不是很好，若不趁这个时候起兵造反，到时老爹挂了，大哥继承帝位了，他就完全没有机会了。

于是，夏武观大旗一竖，就宣布造反了。

夏启此时虽然穷奢极欲，活脱脱的一个昏君模样，但在关键时刻，他还是非常清醒的。只要一清醒，他的雄才伟略就立马体现出来了。

他很快摸清了形势，微微一笑。

——小子，学你老爹我造反，你差远了。

当年有扈氏叛乱，考虑到对手的实力，夏启亲自率领军队去讨伐。

但夏武观的军事实力根本不值得他御驾亲征，他只派了一员大将去平叛。

这员大将，正是威名赫赫的彭寿。

彭寿是一名杰出的军事指挥家。

得到夏启的命令后，他立马就集合大军，从阳城出发，过函谷关。在夏武观还没来得及反应的时候，他就已经率军到了西河。

夏武观蒙了：这么快吗？

你没听说过兵贵神速吗？

战争的过程，没有任何一本史书有过详细的记载。

只有一个结果：夏武观被俘。

夏武观是有点才能的，但是论行军打仗，在彭寿面前，夏武观就是一只小鸡，随便一只手，就可以拎起来。

当你的才华撑不起你的野心的时候，你唯一能做的，就是向现实低头。

一向自负满满的夏武观低头了。

他跪在老爹面前，痛哭流涕，不住抽打自己的脸，对自己的错误行为表示万分的悔恨。

目的只有一个：爹，你饶了我吧，我再也不敢了。

夏启看着这个儿子，怜悯之心油然而生。

不管怎么说，这个小子也曾经是自己最喜欢的儿子，虽然犯了错，但认错态度还是很诚恳的。

夏启没有处罚夏武观，只是叫他率领部下，到山东观县去建立一个新的小国，是为观国。

这事就算过去了。

这事算是过去了，但武观之乱，也让原本坚如磐石的大夏王朝处在了一片风雨飘摇之中。

夏启已经无力再去拯救了，因为他已经精疲力竭、病入膏肓了。

第二年，也就是公元前 2052 年，他就驾崩了。

他把一副烂摊子，留给了那个不争气的大儿子夏太康。

第十章
太康失国

打猎很危险，入坑需谨慎

夏太康本来就是个知名的酒色之徒，老爹的雄才大略一点没学到，那一套声色犬马倒是给他学全了。

老爹在位的时候，他或许还有点儿顾忌，不敢特别放肆。

现在，他成了大夏王朝的帝王，整个天下再没人管得了他了，就放肆地享受。

他几乎不理朝政，一应大小政事，都交给辅政大臣处理，他自己则整日沉浸于酒色与田猎之中。

为了方便游玩，他居然把都城从阳城迁到了斟鄩（今河南省洛阳市偃师区）。

这样开开心心地玩了四年，终于给他玩出了一朵花。

对大夏王朝来说，这是一朵恶之花。

话说这一年，夏太康照常外出狩猎。

以往，他外出狩猎，基本上是在百里之内。

但这一次，他很明显已经不满足于在百里之内狩猎了。他一时兴起，骑着骏马"嘚嘚嘚"一路跑，就跑到了百里之外的洛水之南。

估计在那个时候洛水之南猎物众多，夏太康实在是舍不得回去，一待就是三个月。

你想一下，煌煌帝都，三个多月没有帝王坐镇，那还不乱套？

一时之间，谣言四起，不同的政治力量如同魑魅魍魉，在暗暗行动。

帝都的情况被一个诸侯国国君看得清清楚楚。

这个人叫穷羿，是有穷国（今山东省德州市南）的国君。

穷羿能力超群，把有穷国治理得井井有条，有穷国成了当时黄河以北一个实力强大的诸侯国。

那一年，他参加了钧台之享，看到夏启在钧台上不可一世的帝王气势，内心很是羡慕。

从那时起，他内心就有了一个梦想：有朝一日，我也要成为像夏启那样的帝王，雄霸天下，让万国来朝。

但是，在夏启的强力统治之下，穷羿不敢露出他的野心，只能老老实实地做着他的诸侯国国君。如果没有什么意外情况发生的话，他这辈子就会这样默默无闻地过去。

但是，夏太康继位之后的表现，大大地刺激了他的野心。

——就这样一个酒囊饭袋，也有资格当我的领导？要是我在那个位置上，信不信我比他强一百倍！

随着夏太康越来越让天下臣民失望，穷羿的野心也就越来越膨胀。

终于，在这一年，夏太康外出狩猎几个月，让他等到了平生最好的机会。

他没有错过这个机会，而是果断采取了行动。

他率领着一支精锐的军队，人似虎，马如龙，快如闪电般杀向了洛河之南。

有穷部队最大的特点，就是善射。穷羿更是一等一的射手之王。

离夏太康驻扎的营帐还有数百米，有穷士兵们就弯弓搭箭，唰唰唰向人群中射去。一时间，夏太康的随从们纷纷中箭倒毙。

夏太康还算幸运，没有被当场射死，但很轻易地就被俘虏了。

接下来，穷羿兵分两路，一路从西部渡黄河取孟津，一路从东部渡黄河取巩城，两路兵马兵锋所向，皆直指斟鄩。

一路上，孟津和巩城两个重镇先后被占领。很快，穷羿亲自率领的西路军就到了斟鄩城下。

斟鄩城如同纸房子，很快就被攻陷了。

穷羿大摇大摆地走进了斟鄩城里的王宫大内。

然后，他宣布：夏太康骄奢淫逸，失去民心，我奉天命把他废掉。

可怜的夏太康，此时早已吓得屁滚尿流，磕头如捣蒜，只乞求饶

他一条命。

穷羿轻蔑地看着伏在地上的太康。

他很感慨：想当年两位先帝（夏文命、夏启）何等的英雄好汉，一声咳嗽，都能让天下诸侯战战兢兢，不敢说一句话。不承想，他们的子孙，却是如此狗熊。

对于这种怕死之徒，谅他也翻不起什么浪来，杀了他，还嫌脏了手。

于是，他下令把夏太康流放到戈邑（今河南省周口市太康县）。

穷羿本想自己称帝，但遭到了所有诸侯的强烈反对。他也很聪明，自己刚刚掌权，根基未稳，不适宜此时称帝，只能等待时机。

于是，他便打算在夏启剩下的四个儿子中选一个。

这时，老四夏仲康出现。

夏仲康跟夏太康的关系比较好，在夏太康外出游玩的时候，他受命代理了朝政。可以说，他也是一个很有野心的人，早就想称帝了。

现在，夏太康被废掉，他觉得自己的机会到了。

当时，老二夏元康和老三夏伯康浑浑噩噩，基本上只会吃喝玩乐；老五夏武观发动过叛乱，名声不好。

经过对时势的分析，夏仲康认为，目前自己是帝王的最佳人选。

但是，现在，朝政大权掌握在穷羿手里，他总不能毛遂自荐吧。只要一出头，很可能马上就会被穷羿除掉。

因此，他暗中联络了几个有分量的大臣，明示或暗示要他们举荐自己，并许以好处：我要是当上帝王了，自然让你们升官发财。

几个大臣觉得这笔交易值得做，便一起向穷羿举荐了夏仲康。

穷羿表示同意。

但是，他有两个条件：第一，有穷国从此跟夏朝是友好的邦国关系（一下子把有穷国从诸侯国提升到帝国）；第二，夏朝每年要向有穷国缴纳赋税，并且是双倍的赋税（一下子把有穷国提升到比夏朝更高的地位，夏朝成了有穷国的藩属国）。

夏仲康现在一门心思就想当帝王，面对这个明显是丧权辱国的霸王条款，他毫不犹豫地答应了。

穷羿心满意足了，率部众在斟鄩像土匪一样搜刮了一阵，就回到有穷国去了。

夏仲康正式登基称帝，多少年的梦想一日成真，他很激动。

激动之下，他想起他的大哥在戈邑待着，还没死，对他始终是一个威胁。

于是，他派人跑到戈邑，对夏太康说："我只不过是暂且代大哥你坐坐这个位子，要不你还是回来吧，我把位子还给你。"

夏太康感到很恶心。

见过虚伪的，没见过这么虚伪的。

但是，此时的他无权无势，夏仲康一句话就能让他从这个世界上神秘地消失。作为一名政客，他知道自己此时应该如何应答。

于是，他向钦差表示：我无德无能，如今你坐上帝位，那是天意。我就在这里安安心心当个普通百姓，安度余生好了。

夏仲康听到大哥的表态，很高兴，为了显示兄弟之间的深厚情感，他还把夏太康的家人送往戈邑，与他团聚。

但是不久之后，夏太康就死了。至于是自己病死的，还是夏仲康暗中害死的，就只有天知道了。

相对于夏太康的昏庸无道，凭良心说，夏仲康比夏太康强上十倍。

虽然他为了称帝，签下了丧权辱国的协议，但他内心是感到十分羞耻的。

他暗暗发誓，总有一天，要废除那份不平等条约。

他知道这个世道是凭实力说话的。要废除那份不平等条约，就要振兴大夏王朝的国力，加强军事力量的建设，最终在战场上打败穷羿。

于是，他开始励精图治，大力发展经济，并且从国民中大量征召青壮年入伍当兵，对士兵进行专业化的军事训练。

同时，他还大力扶持诸侯国，拉拢人心，比如他任命了一个叫己樊的人为诸侯，封于昆吾。昆吾国后来发展成了一个强大的诸侯国，成为夏朝强有力的同盟。

经过十八年的埋头苦干，大夏王朝逐渐走向强大。虽然跟夏启在位的时候没法比，但好歹比夏太康失国的时候强很多了。

此时的夏仲康自信满满，他认为，大夏王朝已经完全具备了跟有穷国决一死战的实力。

于是，他公然宣称：从现在起，大夏王朝不再向有穷国纳税，相反，有穷国必须向大夏王朝纳税。如若不遵，大军一到，尔等皆为齑粉。

必须对夏仲康的这种维护国家尊严的豪气与霸气点个赞。

但是，他忽略了一点。

这一点，也恰恰是最致命的一点。

他光看到大夏王朝实力的提升，却没有看到有穷国实力的提升。

这些年来，有穷国每年享用着夏朝源源不断的贡品，这些贡品同样被用来提升有穷国的经济实力和军事力量。

面对夏仲康单方面撕毁协议，穷羿很恼火。

他决定给夏仲康一个教训，让夏仲康充分认识到，不遵守基本的契约，会有什么后果。

于是，他召集了有穷国所有的精锐部队，倾巢而出，浩浩荡荡地杀向夏朝的领地。

大夏军队这几年的建设，还是有点成效的。这表现在战争前期，大夏军队面对有穷国军队，进行了顽强的抵抗，并不像上次那样像纸房子一样一触即倒。

双方经过了多次大规模的战斗，势均力敌。

如果说双方的差距在什么地方，那就是有穷国拥有穷羿。

穷羿堪称当时第一名帅，智勇无双。

在穷羿的指挥下，有穷大军越打越勇，大夏军队渐渐支撑不住了，连连败退，丢了十几座城池。

最终，大夏国帝都斟鄩再度陷落。

在斟鄩陷落之前，夏仲康仓皇出逃，跑到了昆吾国（今山西省运城市一带）。

这十八年来，他一直想做一个中兴之主，恢复大夏王朝在夏启时代的辉煌。

他为此节衣缩食，励精图治。

但现实就是如此残酷，世界上很多事，并不是努力就一定会成功的。

十八年的心血，一朝化为流水。

说来说去，自己还是远远不如老爹的英明神武啊！

做一个中兴的明主，就那么难吗？

真的很难。

满腔抱负的夏仲康，越想越郁闷，越想越绝望。

最后，他一口鲜血吐出，气绝身亡。

壮志未酬身先死，长使英雄泪满襟。

夏仲康驾崩后，儿子夏相继位。

夏相年轻的时候，国家局势动荡不安，他目睹了五叔夏武观造反、大伯夏太康失国、老爹夏仲康称帝等政治事件。

在老爹称帝之后，他成了帝储。老爹一门心思要恢复大夏王朝昔日的荣光，励精图治，奋发图强，这给到他很大的影响。

夏仲康也是着意培养儿子的文才武略。他让夏相协助大将军胤侯掌管大夏的军队。聪明的夏相，很快就成了一名能征善战的将军。

夏仲康很欣慰，在儿子身上，他看到了大夏王朝的未来。

在穷羿攻打斟鄩之前，夏仲康做出了一个非常英明的决策：派人护送夏相前往邳国（今江苏省邳州市一带）避难，以免穷羿把父子俩都抓了。

夏相一个人待在邳国，在密切关注时事的同时，不忘练武习文，让自己快速成长。只因为他明白，大夏王朝将来能否中兴，全靠自己。

如他所料，穷羿击败了大夏军队，再度攻陷了斟鄩，大夏王朝大半壁江山都沦陷了。

当他得知老爹逃到了昆吾国，连忙赶去跟老爹会合。

此时的夏仲康忧郁成疾，已经病入膏肓。

临死前，他万般叮嘱儿子：一定要中兴大夏王朝！

夏相眼含热泪，狠狠地点头。

在昆吾国国君己樊的辅助下，夏相建都于帝丘（今河南省濮阳市濮阳县东南）。

此时的大夏，只是一个偏居一隅的小朝廷。在实力上，它远远无法跟有穷国相提并论。

要恢复大夏的疆土，中兴王朝，谈何容易，其间要经历多少的艰难困苦。

但是对夏相来说，他没有退路，他活在世上，最大的使命，就是中兴大夏。这是他活下去的唯一动力，也是唯一的意义。

他知道这条道路很漫长，绝不是一蹴而就的，需要审时度势，谋定而后动。

好在他还很年轻，只有三十岁，年富力强，只要给他时间，一切皆有可能。

大夏王朝自从被穷羿两次侵略后，不仅国土沦丧一多半，很多诸侯国也纷纷宣布脱离夏朝的统治。

夏相知道，此时去跟有穷国打，那无异于以卵击石，不如先去打那些小的诸侯国，把它们重新收服过来，以此壮大自己的力量。等到自己足够强大的时候，再去打有穷国。

必须承认，夏相的这个战略是相当正确的。

光从这点看，夏相比他的老爹强的就不是一星半点。

他称帝的第一年，就亲自率领军队，攻伐淮夷和畎（quǎn）夷两个诸侯国。

此时的夏相，展现出了杰出的军事素养和军事才能，战术运用相当正确，很快把这两个小国打服了。

第二年，他又去攻伐风夷和黄夷。没有任何悬念，这两个小国也投降了。

连战连捷，夏相威震天下。

很多的诸侯国看到夏相如此神武，大有夏启当年的风采，都纷纷主动与夏朝恢复臣属关系。

大夏复兴在望！

就在大夏王朝重新崛起的时候，一个接一个好消息传来：穷羿在奸臣的蛊惑下，滥杀辅政大臣，朝政混乱，几个军事将领前来投奔夏朝，就连有穷帝国的帝储都打算向夏朝投降。

第十一章
寒浞灭夏

一个混混的逆袭之路

话说穷羿当年再次攻陷大夏王朝帝都斟鄩后，他以一个胜利者的身份，再次昂首挺胸地站在了斟鄩的宫殿上。

　　这一次，他不会再将斟鄩还给大夏了。

　　他直接在斟鄩正式登基，成为有穷帝国的帝王，雄视天下。

　　刚刚称帝的那几年，穷羿是颇有作为的，完全展现了一代雄主的风采。

　　他知人善用，安排了几位能力特别突出的大臣，担任中央政府的要职：武罗为司徒，伯因为司空，熊髡（kūn）为司马，龙圉（méng yǔ）为司寇。这四人堪称有穷帝国的柱石。

　　他实施了宽仁的政策，对夏王朝大部分的旧臣，都予以继续任用，笼络了人心，让有穷帝国在政治上实现了平稳的过渡。

　　他大力发展农业生产力，不出几年，原属大夏王朝的半壁被战火毁掉的江山，再次焕发出蓬勃的生机。

　　此时的有穷帝国，变得前所未有地强大。

　　很多原本臣属于大夏王朝的诸侯国，纷纷跑来向穷羿表示臣服。

　　穷羿的事业，达到了一个巅峰。

　　但是，事业达到巅峰的穷羿，最终也没能避免人性的弱点。

　　这个人性的弱点，就是懈怠。

　　他自满地以为他已经很厉害了，前半辈子都在为了事业而奔波，现在该是享受人生的时候了。

　　享受人生的具体表现，就是不再勤于朝政，而是整日饮酒作乐，狩猎狂欢。

　　他迅速地从一个英明神武的明君，堕落成了一个骄奢淫逸的昏君。

　　四位大臣经常以"太康失国"的故事劝导他，他也不在乎。他认为，夏太康是夏太康，他穷羿是穷羿，一个天生酒囊饭袋，一个天生英明神武，二者根本没有可比性。

正是这样狂妄自负的性格，给他种下了亡国灭种的祸根。

当初，夏启在位的时候，穷羿慑于夏启的雄才伟略，根本不敢有任何轻举妄动。

直到夏太康即位，荒淫无度，荒废朝政，才让穷羿看到了属于他的机会。

所以，最好的机会，就是对手堕落下去的时候。

看到穷羿的堕落，有一个人看到了属于自己的机会。

这个人，叫寒浞（zhuó）。

寒浞本是诸侯国寒国（今山东省潍坊市寒亭区）人，一个街头混混，他偷鸡摸狗，胡作非为。

有一次，父母教训了他几句，他居然把父母捆绑起来，下死手毒打。

如此不肖之人，自然引起了族人的公愤。

寒国国君听说本国还有这样的人渣，一怒之下，就把寒浞逐出了国境。

寒浞东游西荡，一路骗吃骗喝，到了有穷帝国的都城斟鄩。

也不知他使用了什么手段，居然见到了穷羿。

虽然寒浞人品不端，但他有一个优点，就是人长得帅气，嘴巴很甜。

穷羿一看，这小伙子聪明机灵，就把他留在了自己身边。也不知穷羿中了什么邪，越看寒浞越觉得他可爱，一高兴，就把他收为了义子。

大臣们当然一致反对：如此一个人渣，大王你居然收他为义子，将来恐怕会贻害无穷啊。

穷羿非但没有听劝，还不断地提拔寒浞。六年之后，他任命寒浞为首辅大臣，一人之下，万人之上。

要知道，此时的寒浞，年仅十九岁。

你要说寒浞完全是靠拍马屁升到首辅大臣的地位，那肯定是小瞧

穷羿识人的眼光了。

虽然穷羿现在光顾着吃喝玩乐，但是他从寒浞的身上，的确看到了寒浞超出常人的能力。

他甚至认为，寒浞的治国能力，已经超过了四名柱石大臣。

寒浞不像四名柱石大臣那样刚直不阿，而是四面玲珑，擅长与所有大臣搞好关系，懂得协调大臣们与穷羿之间的关系。

处理好朝堂上下所有的关系，正是一个首辅大臣必备的素质。

你不要以为这个很容易，是个人就能做到。事实上，这是一件相当困难的事情，还真不是一般人能做到的。

因此，十九岁的寒浞能做到这一点，不愧是首辅之才。

从这一点上，穷羿并没有看错人。

他唯一看错的，就是寒浞的心。

野心。

他万万没有想到的是，寒浞已经不满足于只当首辅大臣了。

寒浞的眼光，盯上了穷羿的位子。

那个高高在上的帝王的位子。

一旦有了取而代之的野心，寒浞就开始了一系列的策划。

如果要夺取穷羿的帝位，首先就要拔掉他的那几个忠心耿耿的大臣。

穷羿有一个年轻貌美的妃子，叫纯狐。寒浞趁着穷羿外出狩猎的时机，跟纯狐搞到了一起。

在寒浞与纯狐的联手构陷下，昏庸的穷羿杀掉了熊髡和龙圉。

不仅如此，他居然丧心病狂地把那位携手跟自己打天下的原配老婆龙鳕也给杀了。

一时之间，有穷国人人自危。

龙聪、龙虎、龙丙、龙丁、寒夜、风韬、姜火这七员大将，纷纷背弃了有穷国，投奔夏朝。

有穷国的帝储名叫穷瞰，驻守有穷国原来的都城穷石。他听到母后被寒浞害死，大喊一声，就起兵造反。

在穷羿的批准下，寒浞领兵出征穷石，讨伐穷豷。

身在穷石的穷豷部队，成了一支孤军。

如果跟寒浞强大的中央军队正面相抗，自己必死无疑。

当他听说有穷国的七员大将投奔了夏朝，便修书一封，派人送往大夏，恳请夏相出兵相救。

夏相收到穷豷的求助信，认为这是一次绝好的机会，便打着救援穷豷的旗号，出兵有穷国。

这是六年后，夏朝与有穷国的第一次正面交锋。

双方在黄河北岸，大战了一场。

最终，夏相亲自率领的大夏军，击败了寒浞。

穷豷，有穷帝国的帝储，则向夏相投降。

穷豷的投降，向所有人传达了一个信号：大夏王朝正在迅速崛起，天下臣民重新归心于大夏王朝。

夏朝重新崛起之际，也是有穷帝国的帝王穷羿将死之时。

几年下来，寒浞与纯狐联手，把穷羿倚仗的心腹大臣杀了个遍。至此，朝堂之上，全部成了寒浞的人。

穷羿，已经被架空了。

寒浞的胆子越来越大，之前他与纯狐通奸，还是偷偷摸摸的；现在，他光明正大地走进后宫，与纯狐约会。

某一天，穷羿大醉，侍从看着穷羿头上的这顶帽子绿油油地发光，实在看不下去了，就悄悄地告诉穷羿，此时此刻后宫正在发生的春事。

大醉中的穷羿，勃然大怒，提着一把剑，一个人就冲进了寝宫。

当他看到床上那幕不堪入目的情景，大喝一声，提剑便往寒浞身上刺去。

此时的穷羿快六十岁了，加之又是醉酒未醒，头一剑，没有刺中寒浞。

他唯一的一次机会，就此失去。

寒浞身手敏捷，夺过穷羿的剑，反手就把剑刺进了穷羿的胸膛。

一代雄主兼昏君穷羿，就这样，惨死在自己的首辅大臣兼义子兼情敌的剑下。

一世英名，毁于一旦。

寒浞杀掉穷羿，立即来到了宫殿。

他召集了所有大臣，宣布了穷羿的罪状，声称自己奉天命处决了这个罪大恶极的昏君。

然后，他坐上了那个高高的宝座，登基称帝，改有穷帝国为大寒帝国。

穷羿的妃子纯狐，则顺理成章地成了寒浞的妃子。

看起来很狗血，但这就是活生生、血淋淋的历史。

篡位称帝的寒浞，品行虽然不怎么样，但他并不是一个只知道贪杯好色的庸主，相反，他跟穷羿一样，智勇双全，雄才大略。

更加可怕的是，他有着超越穷羿的雄心壮志。

当年，寒浞刚刚投奔穷羿的时候，穷羿一眼就看出，这个尚未成年的少年，志向远大，将来的成就必定可以超越他的四位柱石大臣。

穷羿的眼光的确厉害。

现在，成为大寒帝国帝王的寒浞，他的目标，可不是维持着大寒帝国现有的局面，而是吞并夏朝，一统天下。

——穷羿没有做到的事，我来帮他完成！

当寒浞说完这句话，整个天下都瑟瑟发抖。

寒浞也知道，一统天下绝非一朝一夕之功。

因此，接下来的十年，他没有向夏朝发兵，而是沉下心来，大力发展国内生产力，积极开展军事训练。

在他的领导下，大寒帝国比之前的有穷帝国更加强大。

在这十年的时间里，夏相也是积极进取、励精图治。

他主要干了两件事：

第一件事，就是跟斟灌国与斟寻国两大诸侯国结盟，三方成为亲密的战略合作伙伴。

第二件事，他把帝都从偏远的帝丘迁到了斟灌（今山东省寿光市东北），如此一来，加强了对中原地区的管理。

随着国力越来越强盛，他准备随时征伐寒国，恢复夏朝原有的疆土，实现中兴。

当夏相还在积极筹备的时候，寒浞却提前出击了。

公元前 2011 年，寒浞率领两个儿子——长子名叫寒浇，次子名叫寒豷（yì），都是智勇双全的大将——向大夏王朝发动了突然袭击。

夏相这些年来的筹划，在此时收到了效果。

他命兵团总司令相土，联合斟灌国国君开甲与斟寻国国君木丁，共同迎战寒国。

夏朝兵分三路，相土为中路，开甲为左路，木丁为右路，三头并进，向大寒军队发起攻击。

寒浞也不是吃素的，他自率一路兵马，迎击相土；两个儿子，则分头迎击开甲与木丁。

如此宏大的阵仗，怎么看，这都应该是一场惨烈的战争。

但是，仗还没怎么打，秋天的雨季来了。

一连十几天，秋雨绵绵，这让双方的士兵都陷于恶劣的天气里，根本无法大规模作战。

夏朝这边的三位首领一商量，都认为，如果恶劣天气长此下去，我方远征，粮草不足，士气不高，对我方必定不利，恐怕有失，不如暂且退兵，待时机成熟了，再来征伐。

这次退兵，直接带来了一个灾难性的后果。

这个后果，是夏相的心态导致的。

夏相称帝将近二十年来，一直念念不忘老爹的遗嘱：恢复疆土，中兴大夏王朝!

如今，虽然没有完全恢复大夏的疆土，但目前总算也是与寒国双雄并峙，成就已经非凡了。

当他听到三位首领对寒国实力与军情的汇报，那一刻，他忽然感觉到很累很累。

他理智地认识到，以目前这种情况，夏朝想要吞并寒国，实在是路漫漫其修远兮，穷尽自己这一辈子，估计也难以实现。

既然如此，那为什么不安于现状，守好现有的疆土，与寒国维持这种互不侵犯的局面呢？

至于恢复大夏一统天下的事业，就交给儿子去完成吧。

当这种心态一旦形成，雄心壮志的创业之主夏相，立即变成了不思进取的守成之主。

夏朝的命运，就在他的一念之间，注定了其惨烈的悲剧。

——你不统一中华，我来统一!

这就是街头混混出身的寒浞的壮志豪言!

所以接下来，完全就是寒浞的表演时间。

寒浞知道，夏朝现在之所以还算强大，主要就是因为与斟灌国和斟寻国结成了紧密的联盟。斟灌国和斟寻国就像夏朝的两条大腿，只要砍掉其中一只，夏朝就寸步难行。

他制订了一个完美的军事计划。

他以主帅的身份，攻打夏朝帝都帝丘（夏朝本来迁都斟灌，但后来又迁回了帝丘），派寒豷攻打斟寻国。

土相与木丁连忙出兵迎敌。

他们上当了。

因为，寒浞与寒豷的这次攻击，只是佯攻，目的在于拖住夏朝与斟寻国的军队。

寒浞真正的目标，是斟灌国。

寒浇率军猛烈地攻打斟灌国的重要城市戈邑。

斟灌国国君开甲急忙向夏朝与斟寻国求助，但后者被拖住了，根本抽不开身来救援。开甲只好亲自率部星夜驰援戈邑。

等开甲赶到戈邑城下不远，以逸待劳的寒浞迅速出击，很快就将开甲军打得丢盔弃甲。孤城戈邑，随后被寒浞攻陷。

接下来双方相持了六年。这六年时间里，夏相仍然不思进取，寒浞却是休养生息，厉兵秣马，誓要把夏朝拿下。

公元前 2004 年，寒浞命寒浇突袭斟灌国。

经过六年前的那一战，斟灌国一直没有恢复元气，力量弱小。

得到寒浇突袭的消息，开甲立即向夏相和木丁发出救援信号。

可惜的是，夏相和木丁大军还在路上，斟灌国的都城就被攻陷了。开甲战死。

现在，夏朝的一条大腿已经被砍掉了。接下来，谁都知道，寒浞的目标，是砍掉另外一条大腿。

公元前 2003 年，寒浇率军攻打斟寻国。

这一次的决战，不在陆地上，而在水上。

潍河，成为决定双方命运的最终地点。

寒浇之智，不输其父。他命主力军队跟斟寻水军打对抗赛，却命一支擅长游泳的小分队，悄悄潜到了木丁乘坐的大船底下。

他们凿穿了木丁的船底，很快，河水涌入船舱，战船覆没，木丁落水，被杀。

主帅一死，军心动摇，斟寻军在寒浇大军的掩杀下，最终全军覆没。

最后的目标——夏朝。

这一年，是公元前 2002 年，也是夏相二十八年。

也就是说，夏相已经称帝二十八年了。

他老了，再也没有了年轻时候的雄心壮志。他只想在他有生之年，维持现在的这种与寒国相持的政治局面，好好安度晚年。

但是，很可惜，他面对的对手，是一个远比他志向高远的雄主，是一个远比他残忍的敌人。

寒浞不想成为第二个夏相，他不想等太久。在他有生之年，他必须亲手完成统一天下的大业。

所以，在先后灭掉斟灌国和斟寻国之后，他连口气都不喘，率领大寒帝国全部的军队，攻打夏朝的帝都帝丘。

最后的时刻来临了。

帝丘，就是一个小小的弹丸之地，更是一座没有任何外援的孤城。

五十八岁的夏相，面对强大的进攻，亲自披挂上阵，组织大夏军队进行顽强的抵抗。

或许此时此刻，他心里很懊悔，懊悔这些年没有像年轻时候那样励精图治。但是，在面临亡国灭族的危难时刻，他仍然表现出了一个英明帝王应有的勇敢。

他站在城头，亲自指挥，大声呼叫，奋勇杀敌。

但是，他发现，敌人越杀越多，而自己的军队，却是越杀越少。

他知道，自己今日已经难逃一死。

他本可以投降。如果投降，他也不失为一个诸侯国国君。

但是，他是一个高贵的帝王，这种高贵的精神是从伟大的禹帝那里传下来的。

宁可战死殉国，也决不会投降！

一声巨大的呐喊中，城门破了。

寒军冲进了帝丘。

火光照亮了城头上夏相满是鲜血的脸庞，照亮了他双眼中滚动的泪水。

他的心中升起了一种前所未有的悲壮感。

他向着禹帝创立帝业的安邑方向投去了最后一瞥。

然后，他举起了宝剑，放在自己的脖颈上，用力地一划。

鲜血四溅。

他仰头重重地倒了下去。

在最后的那一刻，他看到了璀璨的星空。那是小时候他父亲抱着他看过的同一片星空。

一闪一闪亮晶晶，满天都是小星星。

大夏王朝，就此灭亡。

寒军冲入城内，进行了惨无人道的屠城。

大小臣工，王室家族，全部遭到了屠戮。

给我搜！凡是藏起来的，一律杀掉，一个不剩！

是！已经全部杀掉了，一个都没剩！

确定吗？

是的，确定，将军！

很好！

真的一个都没剩了吗？

其实，还剩下一个。

也是最重要的一个。

那个人，是夏相的妃子，叫后缗。

在城破的时候，后缗悄悄地从城墙下面的一个小洞里爬了出去。

在她的腹中，怀着一个胎儿。

这个胎儿，是大夏王朝唯一的血脉，也是大夏王朝将来复国唯一的希望。

怀着这种微弱的希望，后缗突破了重重的封锁，克服了无法想象的艰难，来到了有仍国（今山东省济宁市东南）。

有仍国，是她的娘家。

数月之后，她顺利产下了一个儿子。

她给这个国破家亡之后生下的遗腹子，取名为夏少康。

就是这个叫夏少康的遗腹子，在四十年后，创造了中华民族历史上最不可思议的伟大事件：白手恢复大夏王朝，并让大夏王朝走向鼎盛！

所以接下来，我要怀着激动的心情，向大家讲述这样一个伟大的创业励志故事。

它其中所蕴含的那种恢复江山、为国为民的家国精神，千秋万代，荡气回肠！

第十二章

少康复国

四十年专心干一件事儿

后缗是一个伟大的女人。

在所有的夏朝旧臣都已经绝望的时候，全世界，只有她一个人没有绝望。

因为，她有一个儿子夏少康——大夏王朝唯一的血脉。

换作一般的女人，国破家亡之后，她唯一的希望，应该就是让儿子做一个普通老百姓，平平安安地度过一生。

但是后缗不同，虽然她只是夏相一个普通的妃子，却有着强烈的家国情怀。

当看到生下来的是一个儿子的时候，她的心中油然升起了一种伟大的使命：把儿子好好抚养成人，有朝一日，让儿子去恢复大夏王朝。

在儿子刚刚懂事的时候，后缗就不断地跟他讲述大夏王朝光辉和耻辱的历史。

讲到光辉历史的时候，她情不自禁地就眉飞色舞，神采飞扬。

讲到耻辱历史的时候，她就止不住地愤怒、悲恸。

尤其是讲到夏相殉国的情节，她就深深地叹息，泪流满面。

每次讲完，她都会问儿子：记住了吗？

记住了。

记住什么了？

记住我长大以后要恢复祖宗江山！

夏少康在母亲的教诲之下，慢慢地长大了。

他的外公，是有仍国的国君。

外公很喜欢这个外孙，对他着意培养。

在他刚刚成年的时候，外公就命他担任牧正，就是掌管畜牧的官员。

当然，牧正只是一个身份的掩饰。暗地里，外公会叫手下的将军指点他带兵作战的本事，为他将来复国打下坚实的基础。

尽管一家人都尽力隐瞒夏少康的身世，但是，世上没有不透风的墙。

这个风，不小心吹到了寒浞的耳朵里。

寒浞大惊，立马命令儿子寒浇去把夏少康除掉。

但寒浞大意了，他认为就一个小小的遗腹子，能成得了多大的气候，还用得着自己亲自去跑一趟吗？

于是，他只是派了自己的儿子寒浇率兵去攻打有仍国。

在强大的寒军攻击之下，有仍国不敌，只能投降。

但是夏少康却幸运地逃了出去。

夏少康假扮游客，一路逃亡，来到了有虞国（今河南省商丘市虞城县西南）。

此时有虞国的国君，名叫虞思，乃是舜帝虞重华的后裔。

夏少康逃到有虞国，当然要隐姓埋名。

为了生计，他就找了一份厨师的工作。

没承想，因为厨艺不错，居然干出了名气。名气一大，惊动了虞思。虞思叫来一看，小伙子长得挺精神的，就任命他为庖正（御膳房主管），掌管宫廷饮食。

可见，无论是古代还是现代，一个人有一门拿得出手的手艺，还是很吃香的啊！

庖正这个官职跟虞思接触机会比较多。虞思越来越喜欢夏少康，闲来没事，就跟他聊起他的家事来：你哪里人啊？家里还有什么人啊？结婚了没有啊？

夏少康感念虞思的恩德，一冲动，就把自己的真实身份给说出来了。

虞思很震惊。

夏朝灭亡十几年了，夏朝的后裔也基本上被寒国杀光了，没想到居然还有一个直系的子孙留存在世上。

于是，虞思就跟夏少康进行了深入的交流。当夏少康说出自己欲恢复大夏王朝的宏愿时，虞思被深深地震撼了。

他决定对夏少康支持到底。

支持的具体表现，就是把自己两个女儿都嫁给了夏少康。

虞思其实是想赌一把：如果夏少康真能复国成功，那女儿将来就是王后，他自己就是大夏王朝的国丈，那是何等的荣耀风光。除此之外，到时有虞国在大夏王朝的支持下，必然可以扩大领土，提高综合实力，成为威震四方的诸侯国。

毫无疑问，这是一笔风险投资，并且风险还很巨大。

投资成功，一切好说；若投资失败，倾家荡产不说，家破人亡那是分分钟的事。

虞思把女儿嫁给夏少康之后，没要夏少康一毛钱的聘礼，相反，

还送给他一份丰厚的嫁妆。

这份嫁妆就是：把距离有虞国都城三十多里的一座名叫纶邑的小城赏给了他，另外还附送士兵五百名。

一毛钱不花，仅仅凭着祖上传下来的一个身份，白得一座小城，一支小部队，这就叫白手起家。

有了纶邑这块根据地，夏少康就开始筹划他的复国大计。

他的复国大计的核心思想就是：布其德，收夏众。

意思就是：广施恩德，赢取人心，收集夏朝的余部。

他的策略收到了很好的效果，很多夏朝的旧臣，都纷纷前来投奔他，与他共谋复国大计。

其中最重要的一个旧臣，叫作伯靡。

伯靡曾经是夏仲康执政时期的臣子，穷羿当初攻陷斟鄩后，施以仁政，伯靡便继续在有穷国担任原来的官职。穷羿被杀后，他仍是继续在寒国担任官职。可能是犯事触怒了寒浞，他惊恐之下，就逃亡到了有鬲（gé）国（今山东省德州市平原县西北）。

当他听说夏相的遗腹子夏少康在纶邑聚集夏朝旧众，力图恢复故国，很是激动。老爷子虽然年纪大了，但腿脚还很利索，屁颠屁颠地就来投奔夏少康了。

由此，他就成了夏少康的首席参谋长。

他不仅帮助夏少康谋划大计，还身体力行，积极奔走。

他亲自出面，四处联络斟灌国和斟寻国的余部。

这些余部，要么就是当初亲自参加对寒大战的士兵，要么就是当初参战士兵的后人。他们都有一个共同的心愿，就是报仇雪恨。

这样一支充满了仇恨的部队，不用鼓动，战斗力那是"杠杠滴"。

但是，光凭现在这些人马，想去对抗强大的大寒帝国，根本不可能。

当时，寒国的重要军事力量，除了寒浞的中央军之外，就是寒浞的大儿子寒浇、二儿子寒豷。

寒浇的封国是过国（今山东省莱州市西北近海处），是当时最大的诸侯国；寒豷的封国是戈国（今河南省周口市太康县），是当时第二大诸侯国。

过国、戈国、帝都斟鄩，三地互为掎角之势。

想当初，寒浞之所以灭亡夏朝，采取的策略，就是先砍掉夏朝的两条大腿——斟灌国和斟寻国。

伯靡熟知那段历史，因此，他认为，如要灭掉寒国，必须先把寒浇、寒豷干掉。

当然，历史不是让你来复制的，而是让你来借鉴的。

当年的情况，是寒浞直接用武力砍掉夏朝的两条大腿。现在的情况，武力肯定不行，必须使用一种成本更低的方法。

什么样的方法呢？

刺杀。

具体方法是这样的：派一个间谍，打入过国内部，获取重要情报，并伺机刺杀寒浇。

在这个时候，中国历史上第一个声名赫赫的间谍，隆重登场。

并且，还是一个女间谍。

她的名字，叫作女艾。

在夏少康招募四方勇士的时候，女艾前来投奔了。

女艾武功高强，有胆有识，端的是一名巾帼女英雄。更重要的是，她对夏少康忠心耿耿。

当夏少康命令女艾去过国寒浇府邸当间谍，女艾没有丝毫犹豫，慨然领命。

女艾化装成逃难的百姓，混入寒浇的府邸当了一名女奴。

她把打探到的情报源源不断地输送给夏少康，这让夏少康可以根据敌方情况来做军政筹划。

在打探情报的同时，她始终没有忘记自己另外一个任务：刺杀寒浇。

但是，寒浇防备甚严，女艾一直没有找到好的机会下手。

她只能耐心地等待。

三年之后，那个机会终于来临了。

寒浞与纯狐生有一子，名叫寒纯。寒纯娶了一个美丽妖娆的妻子，名叫女歧。

寒浇去寒纯府上串门的时候，看到女歧的第一眼，便魂飞魄散，垂涎欲滴。但女歧是弟弟的老婆，没法下手，所以只好把口水往肚子里咽。

寒纯娶了这个媳妇，宠爱有加，夜夜做新郎。他本来就生得孱弱，身体不好，加上纵欲过度，终于精尽人亡。

弟弟死了，寒浇非但不难过，还很开心，因为他终于有机会可以得到女歧了。

所以他有事没事就往弟媳妇府上跑，对弟媳妇嘘寒问暖。

这女歧虽然美丽妖娆，却是个烈女，决定为老公保持贞洁，因此，面对寒浇的引诱，她断然拒绝。

明明是块到嘴的肥肉，却没法下咽，寒浇很煎熬，很痛苦。

这一切，都让女艾看在了眼里。

女艾主动求见寒浇，对寒浇说："我有办法让女歧顺从于你。"

寒浇一听，喜上眉梢。

"你有什么办法？快快说来。"

"什么办法不重要，我给你办好就行了。"

女艾到底是怎样说服女歧的，这个无可查证。但是，女人最懂女人，她一定是抓住了女歧的痛点和需求点，晓以利害。

女歧被说服了，然后，上了寒浇的床。

由此，女艾得到了寒浇的信任，她可以自由出入寒浇府邸。

那边，夏少康经过这三年的准备，军事力量也逐渐强大起来。

他决定出兵攻打过国。

如果跟过国军队硬碰硬，夏少康是没有胜算的。

但是，女艾给他传送出来一个消息：她已得到寒浇的信任，近日将伺机刺杀寒浇。一旦刺杀成功，过国军队必乱，到时夏少康攻打讨国，就必能取胜。

夏少康信心大增，于是率军出发。

但是，他没有考虑到一个问题：如果女艾刺杀失败，怎么办？

月黑风高夜，杀人放火时。

女艾悄悄地走进了寒浇与女歧的寝宫。

当她看到床上的被子拱起时，认定寒浇睡在里头，便掏出怀中匕首，往一个人的脖颈上一割，人头掉落。

女艾自认为得手，快速撤离作案现场，回到自己家里。

但是，意外还是发生了。

第二天，她来到寒浇府，此时寒浇府邸乱哄哄的。

每个人都告诉他：女歧昨晚被刺客杀了。

女艾脑袋一嗡：什么？死的不是寒浇，是女歧？杀错人了？

但眼前的事实让她不得不承认。

她开始惊恐起来。

寒浇不死，夏少康大军如若攻击过国，必败无疑，那整个复国大计，就将毁于一旦。她功败垂成，有何面目去见少康？

虽然惊恐，但女艾并没有慌乱。

她打听到寒浇此刻正在城外打猎，于是，她乔装打扮，很快就混到了打猎的队伍里。

在队伍的前面，有几只猎狗。

这时，女艾的神技发挥特效了。

她噘起嘴，发出了一声长长的口哨。这声口哨让几只猎狗相互撕咬起来。猎狗们突然的疯狂，把寒浇的坐骑惊吓到了。坐骑高高抬起前腿，把寒浇掀翻在地。

还没等寒浇反应过来，女艾身手敏捷，疾奔过去，一刀砍下了寒浇的头，然后抢过坐骑，翻身上马，滚滚尘土，疾驰而去。

就这么潇洒！

得到寒浇死掉的消息，夏少康大喜，立刻向过国发动了猛烈的攻击。

过国群龙无首，很快就被夏少康的大军占领了。

这是历史上一次经典的以少胜多的战役。

这次战役胜利之后，夏少康越发深信：军事实力不是最重要的，谋略才是最重要的。

接下来，面对实力同样强劲的寒豷，夏少康再次制订了一个计划。

这个计划，用两个字概括，就是：扰，诱。

夏少康派出了自己的二儿子夏抒，前往寒豷所在的戈国。

夏抒虽然年少，却是一个智勇双全的人。

他带着一支小分队，悄悄潜入了戈国。

严格意义上来说，这支小分队是一个恐怖分子团伙。

夏抒带领的这些恐怖分子，在戈国开始了他们骇人听闻的表演。

他们到处制造突发事件，引发暴乱。

作为戈国的最高领导人，寒豷被社会上发生的一系列恐怖事件弄得焦头烂额，他带着部队到处灭火，可这个地方的暴乱好不容易平息了，那个地方的暴乱又开始了。

这要搁现在，恐怖分子如此无法无天，我们必须动用正义的力量，把恐怖分子一网打尽，让他们受到法律的制裁。

但这事搁在夏少康那个时代，站在夏少康的立场上，这种恐怖行为，是可以理解的。

因为他暂时还没有实力去跟寒国硬碰硬，他只能想出这种比较低成本的手段。

这一招果然很有效。在夏抒长期的骚扰之下，整个戈国人心惶惶。人心散了，再强大的实力，都要大打折扣。

看到时机差不多了，夏少康就开始向戈国用兵了。

这次，夏少康仍然派出了夏抒。

要说夏抒真是个人才，搞恐怖行动一流，打仗也是一流。

要知道，他的对手，是几十年前威震中原的名将寒貔。

两军对阵，夏抒首先并没有派出他的精英部队，而是先派出了一些老弱残兵。

在战争中，老弱残兵，就是用来当炮灰的。这是战争的残酷之处，无可奈何。

寒貔看到这些老弱残兵，轻蔑地笑了：就这帮乌合之众，也想复国？夏少康的脑子是锈掉了吧。

他令旗一举，大军如潮水般冲杀过去。

夏抒的老弱残兵，一经接触，便溃败，丢盔弃甲，转身就逃。

按说寒貔征战几十年，用兵老到，所谓"穷寇莫追"的道理，他是懂得的。

但是，每个将军在他的一生中，都会犯错。

很多的时候，他犯错不是因为他军事知识不够渊博，战争经验不够丰富，而是情绪的异常波动。

一个常胜将军，你要他永远保持理性，这是相当苛刻的。

因为常胜，思想上就会出现麻痹，很容易产生骄傲和自负情绪。

而这种情绪，在战场上，却往往是最致命的。

很遗憾，此时此刻，当寒貔看到对方如此不堪一击时，他骄傲了。

一骄傲，他想到的不是"穷寇莫追"，而是"乘胜追击"，务必全歼敌人。

寒貔是一个作战勇猛的人，他经常身先士卒，这样很容易鼓舞士兵为他拼命。

这一次，他仍然是身先士卒，率领部队追击。

这一追，不好意思，《三国演义》里的场景出现了：追到一个比较窄的路段，早就埋伏在那里的夏抒部队，一声喊，跳出来，朝着寒貔就是一顿西瓜乱切。

一代名将寒貔，就这样壮烈身亡。

寒国的两大支柱力量，全部都消灭了。

现在，只剩下了寒浞的中央军。

此时的寒浞，已经八十多岁了。

年轻的时候，他智勇双全，雄才伟略，最终统一天下，比穷羿都厉害。

但是，到了老年，他就开始犯跟穷羿一样的错。

想着反正现在天下都统一了，也是该享受的时候了。于是，饮酒作乐，狩猎狂欢。一代雄主，堕落成了一个昏君。

朝堂混乱，民不聊生，怨声四起。

这个时候，夏少康以大夏王朝的直系后裔身份，义旗一举，很快，天下很多诸侯都纷纷回到夏少康的怀抱。

民心，重归大夏。

失去两个儿子的寒浞，早已众叛亲离。

众叛亲离的寒浞，实际上，一点力量都没有了。

这么些年来，夏少康心里一直在祈祷：保佑寒浞长命百岁，千万别早死。

因为，他有一个心愿，就是抓住寒浞，亲手把他处死，报这杀父亡国的大仇。

眼看着寒浞八十岁了还没死，夏少康打心眼里高兴。

消灭寒浇、寒豷之后，夏少康声名大振。

此时此刻，天下所有诸侯都看清楚了形势：寒浞必败，夏少康必胜。

诸侯们都是墙头草，谁厉害跟谁。现在都不用夏少康召集了，他们主动跑来跟夏少康请战。

最后的时刻，终于到来。

夏少康亲自率领着强大的军队，浩浩荡荡地来到了斟鄩城下。

斟鄩，曾经是大夏王朝的帝都；后来，是有穷帝国的帝都；现在，是大寒帝国的帝都。

无论世事如何变迁，它就这么巍峨地矗立在那里，彰显着帝权的威严。

夏少康仰望着这座城，感慨万千。

二十几年的筹划，胜利，已近在咫尺。

他拔出了宝剑，大喊一声：进攻——

军队如潮水一般攻向斟鄩。

寒国的士兵早就没有了斗志，他们主动打开了城门。

城门开处，夏少康看到，寒国的士兵拎着一个五花大绑的糟老头子。

虽然从来没有见过寒浞，但是，夏少康知道，眼前的这个老头，就是寒浞。

他久久地看着这个人。

从家国的角度，他对寒浞恨之入骨；但是从个人的角度，他又对寒浞肃然起敬。

寒浞在死前，仍然保持了他的尊严。

在城门破了之际，他选择自杀。

但是，他还没来得及自杀，就被身边的侍从给捆绑了起来，交给了夏少康。

这时，伯靡站了出来。

他历数了寒浞的很多罪状，问他服不服。

寒浞笑了笑：成王败寇而已，随便你们怎么说。我只求一死。

夏少康成全了他。

最终，寒浞被凌迟处死，整个王室也被灭族。

很多人把寒浞描绘成一个品德低下、十恶不赦的大奸徒，这辈子一件好事都没干过。

但是，我想说明的是，不应该用寻常的道德去评判一个帝王。

评判一个帝王的唯一标准，就是他的功绩。

如果他荒淫无度、荼毒生灵，那他就是一个昏君和暴君；如果他一统天下、恢复生产力，那他就是一个圣君。

寒浞，既是一统天下的圣君，也是荒淫无道的昏君。

他不是坏人，也不是好人；或者说，他既是好人，又是坏人。

公元前 1961 年，在大臣们的拥戴之下，夏少康在斟鄩正式登基称帝。

消失了整整四十年的大夏王朝再次建立起来了。

历史上最伟大的奇迹，就这么创造出来了。

夏少康即位后，吸取了前面几代帝王的教训，任用贤能，改革旧制度，出台新政策，积极恢复生产力。

在他执政的四十六年时间里，社会稳定，八方来朝，大夏王朝迎来了一个前所未有的盛世。

夏少康驾崩后，他的儿子夏抒继位。

夏抒继承了老爹休养生息的政策，任用贤能，勤政爱民，在他执政期间，经济繁荣，社会安定，很好地维持了大夏王朝的繁荣昌盛。

接下来的两百多年时间，夏朝进入了一个沉寂期。

之所以叫沉寂期，倒不是这两百多年并没有发生过什么可记录的大事，而是这两百多年的史料奇缺，寥寥几句，一带而过。所以，我没法展开来叙述，只好称之为沉寂期。

直到公元前 1632 年，一个帝王的登基，才给那两百多年的寂寞历史画上了一个句号。

那个帝王的名字，叫夏履癸（guǐ）。这个名字对绝大多数人来说，都很陌生。但是他的谥号，却是鼎鼎有名。

他的谥号，叫桀。

奴隶社会第二个有名的暴君，就此登场。

第十三章
履癸宠妃

把我所有的爱都献给你

数千年下来，给人的一种印象就是：夏朝就是亡于夏履癸的昏庸与残暴。

真是这样吗？

在我看来，不只是这样。

我们在研究明朝历史的时候，经常说，明亡实亡于万历。

为什么这么说呢？

众所周知，万历是个不坐朝的爷，他在位四十八年，居然长达二十七年不上朝。在他当甩手掌柜的二十七年时间里，党争持续不断，导致朝廷极其腐败。再加上万历三大征（抗倭援朝、宁夏之役、播州之役），虽然都是正义行为，但也劳民伤财，张居正变法好不容易攒下的那点家当，全给掏空了。整个社会陷入了动荡不安，百姓怨天尤人。

经历了万历、泰昌和天启三代，到了崇祯的时候，整个社会矛盾突然加速激化了。农民起义层出不穷，外族（清朝）侵犯连年不止。尽管崇祯勤政，但天命难违，明朝已经腐烂不堪，不可挽救了。

崇祯最终成为亡国之君。

明朝灭亡的直接负责人，当然是崇祯，但是，根子在万历那里。

我们清楚了这一点，就能正确理性地来看待夏履癸亡国。

历史总是高度相似的。

夏朝之亡的根，不在夏履癸，而在夏孔甲。

夏孔甲的父亲夏不降，是夏朝在位时间最长的帝王，执政五十九年，总的来说，是很有作为的。在他执政期间，夏朝的疆土面积达到了历史的顶峰。

历史的经验无数次向我们证明：任何一个东西，到了顶峰，就会滑落。唯一的区别，是慢慢滑落还是迅速滑落。

夏不降不愧是一代明君，他看到自己的儿子夏孔甲不争气，为了维护夏王朝的长治久安，就把帝位传给了德才兼备的弟弟夏扃（jiōng）。

夏扃死后，把帝位传给了儿子夏廑（xū）。夏廑也是一位守成之主，在他执政期间，政治比较清明。

夏廑死后，主动把帝位让给了堂兄夏孔甲。转了一圈，夏孔甲最终还是当上了帝王。

事实证明了夏不降的识人之明。

夏孔甲在位期间，不理朝政，迷信鬼神，饮酒作乐，祸乱天下，其荒淫无道，直追其祖宗夏太康。

诸侯们都是熟读历史的，一看夏孔甲这状态，分明就是活生生的夏太康第二，于是，都觉得自己建立帝业的机会来了，纷纷发动叛乱。

既然有叛乱，就有平乱。

好在那时大夏王朝整体国力还是颇为强大，诸侯们兴风作浪，到底没有兴起来，最后都被压制下去了。

但是，诸侯们一乱，国库很快就被掏空；国库被掏空，就得向老百姓征收更多的税；老百姓本来就穷，这样一来，人心四散。

夏孔甲在位只有九年，但他就是用这九年的时间，把一个强大的大夏王朝，弄得摇摇欲坠。

不过，夏孔甲还算是幸运，毕竟在他手里没有亡国。

他把这个锅，甩给了他的玄孙夏履癸。

夏孔甲之后夏皋继位，夏皋之后夏发继位。

夏发其实是一位明主，他任用关龙逄（páng）为相，让社会生产力得到了一定程度的恢复，社会关系也比之前有所缓和。

夏朝历代明主对于选择帝储，都是相当慎重的。一般来说，他们会选择那个德才兼备的儿子当继承人。

在所有的儿子当中，明君夏发最终选择了夏履癸为帝储。

原因很简单，在夏发看来，夏履癸就是那个德才兼备的最适合的继承人。

在夏履癸的身上，你能看到夏朝那些伟大的先帝们的卓越才华。

他武艺高强，十八般兵器样样精通；他孔武有力，据说他能够在水里击杀鼋鼍（yuán tuó），在陆地上抓捕熊罴（pí）。

虽然有点夸张，但这可以反映出，夏履癸是一个崇尚武力扩张的帝王，他跟他那些伟大的先帝一样，拥有着扩大疆土的雄心壮志。

很多人会有一个印象，好像是因为夏履癸残暴无道，才激起了诸侯们的叛乱。

但事实上，自夏孔甲时期起，诸侯叛乱已经成了一种习惯。即使夏皋和夏发父子俩是两代明君，那些诸侯说叛乱照样叛乱。

到了夏履癸执政，仍然有一些诸侯时不时叛乱。

诸侯叛乱，作为帝王的夏履癸，要不要率军征伐呢？

这是必须的。

夏履癸即位后，第一个叛乱的诸侯国，名叫有施国（今山东省蒙阴县境内）。

有施国是一个小国。按说这样的小国，面对大夏王朝，必须得恭恭敬敬，按时纳税进贡吧。

但现在大夏王朝的确已经日薄西山了，连有施国这样的小国都敢不把夏朝放在眼里了。

有施国宣称：从今以后，我不向夏朝进贡了。

在奴隶社会，诸侯国不向中央政府进贡，就意味着背叛。

夏履癸一听：怎么地，我家没以前阔了，你就狗眼看人低了？狗奴才，看剑！

夏履癸拔出宝剑，对着大军喝道：兵发有施，铲除叛逆！

大夏军队浩浩荡荡向有施国进发。

有施国一辈子也没见过这世面啊，平时蹲在山窝窝里吹牛还行，等到大军真的杀到城下，这才知道天有多高地有多厚，当场就怂了，立马出城投降，表示一切都是误会：我其实没说过那话，估计是有人误传的，我还会跟以前一样，每年照常进贡。

但夏履癸的自尊心已经被伤得很深，他坚持不肯饶过有施国，必须把有施国踏平，让它从这个世界上永远消失，方能消解他被这种微型小国侮辱的耻辱。

有施国傻了，不断地抽自己的脸：叫你嘴贱，叫你嘴贱！

眼看着有施国要被血洗，一个女子的出现，拯救了有施国。

这个女子，名叫妹（mò）喜，是当时有施国第一美女。

有施国打听到夏履癸是个好色之徒，便把妹喜献了出来。

夏履癸生平见过无数美女，但是像妹喜这样绝色的美女，还是头一次见着。

见到妹喜的第一天，夏履癸就把她给宠幸了。

有施国呢，逃过一劫。从此以后，再也不敢嘴贱。

凭良心说，夏履癸在执政前期还是很有作为的。在关龙逄的辅佐下，夏履癸继承了老爹夏发的守成政策，国力不说有多大提高，但也没继续衰落下去。

如果按这种情况，夏履癸跟夏发一样，最少也是个及格的守成之主，大夏王朝还是会延续下去。

但历史的拐点，还是来了。

这个拐点，就是妹喜。

数千年之下，我们无法去想象妹喜的绝世容颜。但我们必须承认的是，妹喜绝对有那种可以迷倒天下众生的妖冶魅力。夏履癸，这个遍阅美女的帝王，沉沦在了她的温柔乡里。

当一个男人爱一个女人的时候，他甚至可以为了她放弃江山。

不要以为这不可能。英格兰国王爱德华八世，遇见华里丝的时候，便彻底沦陷了。这个华里丝是个美国女人，人长得很一般，也没什么气质，重要的是还离过一次婚。可就是这样一个女人，让爱德华八世爱得如痴如醉，为了跟她生活在一起，毅然放弃了英格兰王位。

这是典型的爱美人不爱江山。

夏履癸就是这种痴情种子。

他恨不得一天二十四小时跟妹喜待在一块，分开一秒钟都会让他很难受。

于是，每天早上五点开的朝会他也不去开了，一应朝政大事，都交给辅政大臣去处理。

他恨不得把天上的月亮都摘下来送给妹喜，只要他能办到，他就一定会去办。

在他看来，这叫爱情。

每个美女都有自己的爱好。

妹喜也有自己的爱好，她的爱好，是比较奇特的。

她有三个癖好：

第一个，是喜欢穿戴着男人的朝服官帽。

第二个，是喜欢听绢帛撕裂的声音。

第三个，是喜欢看人们在规模大到可以划船的酒池里喝酒（我们可以想象一下在杭州西湖里划船，西湖里的水都是美酒，边划船，边从湖里用小桶提酒喝）。

对于第一个癖好，虽然有损朝廷尊严，但施行起来完全没有难度。

对于第二个癖好，很好办，夏履癸要求各地诸侯国每天进贡一百匹绢帛，日夜不停地在妹喜面前撕。

对于第三个癖好，虽然是一项很大的工程，但在夏履癸看来也完全不是个事，他只需要动动嘴皮子，一声令下，数万奴隶便日夜不停地挖掘。数月之后，终于建成了一个巨大的池子，里面灌满了美酒。这个酒池大到什么程度呢？据说有一次搞活动，三千名饮酒高手登上酒池上的船，比赛饮酒。

光喝酒，不带劲儿，必须得有肉啊。于是，夏履癸先生又附赠了妹喜小姐一个意外的惊喜：在酒池边种满了各式各样的花树，然后在花树上挂上肉食。是为肉林。

他经常命令三千宫女一齐唱歌表演，表演结束后，饿了，就叫宫女们去肉林里取肉吃。

"这个好玩，好有创意！"妹喜拍着手，兴奋地叫道。

当然，以上只不过是调味菜，主食还没上呢。

小地方出身的妹喜，到了帝都，眼界忽然就变高了。原来在乡下住的是茅屋，现在进了宫，居然嫌寝宫老气、寒酸，不够大气，住着不舒服。

夏履癸当然要满足爱妃的要求，于是，他又下了一道旨意，为妹喜建造一座富丽堂皇的大宫殿。这座宫殿名为倾宫，极尽人间天上之奢华。

夏履癸与妹喜就整天在倾宫里玩耍，享尽人世间的富贵荣华。

以上无论是酒池、肉林还是宫殿，每一项都是大工程。

大工程，就意味着要花费巨大的人力、物力和财力。

要人，怎么办？把奴隶都拉来建造，只管吃喝，不管发工钱。

物料缺乏，怎么办？去买呀！

买物料需要钱，国库空了，怎么办？向诸侯国和王朝领地的贵族、平民加征税收呀！

那些低级别贵族和平民交不出税来，怎么办？那就坐牢、当苦力，甚至杀掉。

从以上的描述来看，夏履癸的确有资格被称为"暴君"。

夏履癸的暴行，被一个诸侯看在眼里。

他是一个很有野心的人，就像当年的穷羿。

他熟知历史，知道现在的情况对他来说，是一个夺取天下的最好机会。

于是，他开始悄悄地谋划。

大夏王朝，最终在他的手里结束。

这个诸侯的名字，叫作商履。

第十四章
伊挚出山

从奴隶到重臣

商履是子姓，又名商天乙。

他的祖上是很阔的。老祖宗的名字叫契，是尧帝的同父异母兄弟，被封到商（今河南省商丘市）。几百年下来，商国经过十几代的经营，到了商履的老爹商主癸的时候，商国已经成为称霸一方的诸侯国了。

商履继承了这样一份丰厚的家当，按说应该很满足了。

但是，所谓乱世出英雄，身处夏朝末期这样一个群雄四起的年代，很多诸侯都起了野心，企图趁乱揭竿而起，谋夺大夏天下。商履只不过是其中一个而已。

这么多年下来，很多的诸侯国纷纷叛乱，最后无一不被大夏王朝平定下去。

商履是一个成熟的政治家，他认为，自己要么不出手，一出手就必须成功。

这就是所谓的"谋定而后动"。

因此，在其他诸侯纷纷叛乱的时候，他只是做一个冷静的旁观人，不参与。

他知道，时机还不成熟。

在目前看来，他必须再做两件事情。

第一，迁都。

商国是一个很奇特的诸侯，历代国君最热衷做一件事，就是迁都。

数百年下来，在商汤即位以前，商国已经迁都八次了。

这绝对是一个骇人听闻的数字。

因为迁都是一件很耗工程的国家大事，它牵涉到国家的政治、经济、军事、文化等等方面，牵一发而动全身。

到了商履的时候，他决定，把都城从商丘（今河南省商丘睢阳区西南）迁到亳（bó，今河南省商丘虞城县谷熟镇西南）。

你查一下地图，就会发现，这两地之间相隔不过几十里。

那为什么还要劳民伤财地来迁都呢？

只有一个原因：亳更有利于发动对夏朝的战争。

商履做的第二件事，就是找人才。

历来成功的帝王都明白一个基本的道理：人才是革命的本钱，没有优秀的人才辅佐，一切都是空谈。

商履找的第一个优秀的人才，名叫仲虺（huǐ）。

仲虺是诸侯国薛国（今山东省滕州市官桥镇和张汪镇之间）的国君。

他二十四岁即位，在位期间，他积极改进生产工具，大力发展农业、畜牧业、手工业、制造业。在他的执政下，薛国成了当时实力比较强大的诸侯国。

仲虺对夏履癸的暴行早就不满了，但是他野心不大，并不想夺取夏朝的天下。

商履经常找仲虺喝茶，两人关系很铁。当商履说出自己心中的志向之后，仲虺先是很吃惊，继而拍着胸脯表示：无论你做什么，我都愿意支持你，供你驱策，助你完成大业。

有了仲虺这么一位实力强大的朋友辅佐，商履底气就更足了。

仲虺可以作为铁杆盟友，但不能时时待在自己身边，这个是有缺憾的。万一自己哪天有点新鲜主意，还要派人坐车去薛国跟仲虺商量，一来一回，耽误时间，也会误了时机。

因此，商履还需要一位时时跟在自己身边的军师，协助自己筹划大计。

要找到这样一个人，是很难的。因为这世上有很多的狗头军师，不仅成不了事，还会误事。

商履要找的，必须是一位天纵奇才的军师，拥有绝对的本事，可以助自己定鼎天下。

这样的人，环顾天下，在商履看来，只有一个人。

那个人的名字，叫作伊挚。

伊挚的出身是很低微的，他的母亲只是一个采桑养蚕的奴隶，父亲是一个屠夫兼厨师，也是一个奴隶。

伊挚从小就跟着父亲学习烹饪，长大以后，他的烹饪技艺居然超过了父亲。于是，顺理成章地，他继承了父亲的衣钵。

当然，身份还是奴隶。

伊挚的父母虽然都是奴隶，但却很重视对孩子的教育。他们教导儿子：你要好好读书啊，只有读书才能改变命运；如果不好好读书，一辈子到死也就是个厨师。

伊挚听进去了，虽然读书未必能马上改变自己奴隶的身份，但至少会得到别人的尊重，说不定哪天机会来了，真的可以改变命运呢。

于是，他一边做好厨师的本职工作，一边刻苦地读书。

他对历史、政治很感兴趣，因此，就勤于钻研这方面的知识。渐渐地，他成了历史、政治方面的理论专家。

他常常跟人高谈阔论，讲述历史，评点时政，并且往往有独到的见解。

时间一长，他的才学惊动了有莘国（今山东省曹县西北）的国君。

于是，国君亲自召见伊挚，聘请他给自己的子女当老师。

这样，伊挚除了当厨师以外，还兼职当老师，虽然仍是奴隶身份，但生活还是过得有滋有味。

伊挚的父母脸上也很有光：儿子有出息啊，看来当初叫他多读书，还是很正确的。

自从当了有莘国王室子弟的老师后，伊挚的名声就大起来了。

这个"大"，还不是一般的大，而是很大。

大到什么程度呢？

不只是在有莘国出名，更是天下闻名。

伊挚的名声让商履渴慕不已。商履认定，伊挚就是那个可以帮助他定鼎天下的军师。

于是，他托人给伊挚的主人送去了很多珍贵的礼物，想聘请伊挚来商国当军师。

他送了好几次礼物，都失败了。

倒不是伊挚本人拒绝，而是伊挚的主人拒绝了。

伊挚的主人，就是有莘国的国君。

很明显，商履的礼物，有莘国国君是看不上的。

在有莘国国君看来，伊挚作为公室子女的老师，这个是无价的。你用有价的物质礼物，想换取我无价的子女的老师，这笔生意肯定是亏的。

有莘国国君越拒绝，商履就越想得到伊挚。

但是人家不卖，能有什么办法？

最后，还真给商履想到了一个办法。

这个办法就是：当女婿。

为了得到伊挚，我愿意用自己的终生幸福做交换。

具体来说，就是商履向有莘国国君提亲，表示想娶您的女儿当正室夫人，换句话说，我来当您的女婿。

以商履当时在诸侯国中的地位，向小小的有莘国提亲，那是很给有莘国国君面子的。

有莘国国君当然很高兴，满口就答应了。

商国的婚使在这时提出了一个要求：公主嫁过来，其他的陪嫁无所谓，但是咱们商伯（商汤是伯爵）要一个人做陪嫁，这个人就是伊挚。

有莘国国君这时才明白：敢情你不是冲着我女儿来的，是冲着伊挚来的啊！

虽然伊挚是王室子女的老师，但如能与强大的商国结下这门亲，从此成为紧密的政治联盟，这笔交易还是很划算的。

于是，有莘国国君痛快地同意了这门亲事。

伊挚就这样作为郡主的陪嫁品，来到了商国。

对于商履搞了这么大的动作把自己聘过来当军师，伊挚是打心眼里感动的。

但是，伊挚并不想协助商履推翻夏朝。

原因很简单，伊挚骨子里其实是一个很传统的人，讲究对父母孝顺，对君王忠诚。

他是有莘国的子民，同时，他也是大夏王朝的子民。他从小接受到的教育，让他既要对有莘国忠诚，也要对大夏王朝忠诚。

他很渴望对大夏王朝做出他的一些力所能及的贡献。

当年还在有莘国的时候，他就曾想去斟鄩拜见夏履癸，陈述他的治国方略。

只不过，限于他奴隶的身份，想拜见帝王夏履癸，根本是一件痴心妄想的事情。

现在，他来到了商国。商履很坦诚，伊挚却很纠结。

他并不想成为一个背叛大夏王朝的子民。

但是，商履对他实在是太好了，他又不好明面上拒绝商履。

因此，他只是与商履虚与委蛇，给商汤提一些不痛不痒的建议。

他在心里时时谋划，如何才可以离开商履，跑到斟鄩去。

他终于想到了一个逃跑的办法。

公元前 1621 年，夏履癸在有仍国召开了一次全国诸侯大会，主要目的是警告诸侯们要安分守己，照常纳税，不要妄图造反，不然小心老子灭你九族。

鉴于夏朝实力仍然很强大，绝大多数诸侯们都老老实实听着，纷纷向夏履癸表达了忠心。

但是，就在开会的中途，有一个诸侯公开表达了不满，他就是有缗国（今山东省金乡县）的国君。

说来有缗国跟夏履癸的渊源是很深的。

夏履癸的老祖宗夏少康的母亲，就叫有缗。因为这层关系，夏少康复国后，有缗国成了当时实力强大的诸侯国。两百多年下来，有缗国对夏朝也是忠心耿耿。

现在，看到夏履癸这臭小子倒行逆施，把国家搞得一团糟，有缗国国君恨铁不成钢，加上他生性耿直，实在忍不住，当场就把夏履癸臭骂了一顿，历数他的罪状。骂完之后，愤然退席。

夏履癸是很要面子的，看到有缗国国君当着全国诸侯的面这样骂他，也是勃然大怒。

他当即发布了谕旨，讨伐有缗国，务必把有缗国消灭掉。

不久之后，夏朝出动了数千大军，杀向了有缗国。

有缗国发动了封国保卫战，动员所有军队与百姓，跟夏朝大军展开了对攻。

一场战役下来，夏军损失极其惨重，精锐部队十停伤亡了八停。

但是，有缗国损失更加惨重，几乎灭国。

到了最后，有缗国没办法，为了避免灭国的结局，只好投降，效法有施国，向夏履癸献出了绝色美女，并且一献就是俩。

这两个美女，一个叫琬，一个叫琰。

琬和琰未必比妹喜更漂亮，但男人嘛，就是个喜新厌旧的动物，尤其是帝王，更加不能指望他为一个美女常年保持专情。

就这样，妹喜被冷落了，守了活寡。

为此，她夜夜流泪到天明。

伊挚想到逃离商国的办法，就是由自己亲自到斟鄩去一趟，策反妹喜。

如果有妹喜作为内应，就有可能把夏朝最核心的情报传输出来，到时对商国起兵伐夏，将有着莫大的作用。

商履一听这个主意，觉得很高明。他没有对伊挚有任何的怀疑，亲自挑选上好的贡品，派人护送伊挚去斟鄩。

离别的时候，商履执着伊挚的手，万分地不舍。他不断地叮嘱伊挚，不管事成与不成，都要及早回来，免得我挂念。

伊挚很感动，他觉得有点对不起商履。

但是，此一去，他不想回头。

他的心，在夏朝那里，在那个从未见过面的帝王夏履癸那里。

忠君报国，是伊挚一以贯之的信念。

伊挚来到了斟鄩，他并没有去找妹喜，而是打点财礼，不断托关系，想尽一切办法去拜见夏履癸。

但是夏履癸没空见他。

夏履癸当然不是忙于朝政，而是忙于夜夜做新郎。他现在对琬与琰宠得是无以复加。

伊挚还真有耐心，不见到夏履癸，他就不走。

他在斟鄩一待，就是三年。

这三年的时间里，他心如磐石，一定要见到夏履癸，向他陈述自己的治国方略。他希望通过自己的谏言，能实现大夏王朝的伟大复兴。

经过坚持不懈的努力，财礼都不知送出去了多少，终于见到了夏履癸。

伊挚见到夏履癸后，很激动。

他滔滔不绝地向夏履癸陈述了他的治国方略，让夏履癸借鉴尧舜的仁政，以德治国，如此，大夏王朝才能千秋万代，永垂不朽。

对于伊挚的这一套说辞，十几年来不知有多少大臣向他陈述过，他耳朵都听出茧子出来了。

他边听边打哈欠。

"大王啊，如果你不施以仁政，真的会有亡国之祸啊！"伊挚苦口婆心地劝谏，都快流泪了。

不得不说，伊挚对夏朝实在是一片赤胆忠心。

夏履癸听到"亡国"这两个字，冷笑了一下，说出了一句流传千古的名言："你可别在这里妖言惑众了！老百姓有我，就好像天空有太阳。太阳会灭亡吗？不会。太阳不灭亡，我就不会灭亡。"

然后，他一声怒斥，直接把伊挚给赶了出去。

伊挚仰天长叹，他终于明白，大夏王朝命数已尽，不是人力所能挽回的了。

他熟读历史，知道每个朝代的末期，社会动荡，民不聊生，如果此时有一位雄主揭竿而起，建立一个新的政权，一般都会积极地恢复生产。

此时的伊挚想起了商履的雄心壮志。或许，真的只有通过辅佐商履，建立一个新的政权，才能让天下百姓过上好日子。

从这时起，他才决定死心塌地为商履卖命。

伊挚记起了自己此次前来斟鄩的任务，于是他很快就托中间人，见到了被冷落的妺喜。

他的说教能力天下一流。虽然他没能说服夏履癸，但对付妺喜这个失宠的女人，他还是游刃有余的。

果不其然，伊挚一说教，妺喜立马投降。

妺喜表示，我愿意充当商国的内线，把夏履癸的情报随时输送给你们。

妹喜给到伊挚的第一个情报，是夏履癸做的一个梦。

原来有一天晚上，夏履癸做了一个奇怪的梦，梦见天上有两个太阳，相互搏击，后来，一个太阳胜了，一个败了。

太阳，不就是象征着帝王吗？

两个太阳，一个是夏履癸；另外一个，当然就喻指商履了。

在伊挚看来，这就是夏朝灭亡的先兆。

伊挚回到了阔别三年的商国。

这次，他是真心诚意地要辅佐商履夺取大夏天下，因此，他献出了推翻夏朝的大政方略：以尧舜之道要汤，而说之以伐夏救民。

意思就是：效法尧舜"以德治国"，拢聚天下人心，打着"救民"的旗号去讨伐夏朝。

不得不承认，这是一条高瞻远瞩的方略。

你的事业跟多少人有关系，就有多少人愿意来成就你。

如果你只是想自己当个帝王玩玩，实现一己私利，不管别人死活，那不会有多少人来帮助你，你自己是玩不转的。

但如果你的出发点是为了天下百姓，为了把他们从水火当中拯救出来，那你的事业就跟天下百姓有关，他们就会纷纷主动来帮助你，继而成就你。

当商履听完伊挚的这一番高论，如同醍醐灌顶，深深震撼。

他向伊挚深深地跪拜下去，拜伊挚为师父兼军师。

在伊挚的建议下，商履实施了"以德治国"的宽仁政策。这个政策的实施有两大好处：第一，收取了国内的民心；第二，促进了国内的生产力，提高了综合国力。

接下来，商履展开了疯狂的舆论宣传。虽然在那个年代，没有报纸，没有电视，没有网络，但人们依靠口口相传，速度依然是很快的。

这个舆论宣传包括两个方面：

第一，在夏履癸现有的暴行基础上，进行夸大。比如，原本夏履辜只有一分黑，要把他夸大十倍，让天下老百姓以为他有十分黑。

千载之下，其实我们有理由推断，夏履癸并没有传说中那么昏庸无道，很大一部分都是商履为了政治需要，给老百姓塑造了一个十恶不赦的暴君形象。

比如，那句著名的"老百姓有我，就好像天空有太阳。太阳会灭亡吗？不会。太阳不灭亡，我就不会灭亡"，到底是夏履癸自己说的，还是商履的智囊团队瞎编出来的，谁也无法考证。但我更愿意相信是商履的智囊团队编出来的。

当这句话流传出去之后，紧接着天下又开始流传一句著名的话："时日曷丧？吾与汝偕亡！"意思是，这个太阳什么时候才能消失？我们宁可和你一起灭亡！

这句话出自《商书·汤誓》，其实就是商履的智囊团队写出来的，目的就是激发天下百姓对夏履癸的憎恨。

在古代，所谓普通老百姓，只不过是被政治势力利用的棋子而已。

不得不说，商履的这种"夸大抹黑"的舆论宣传是极其有效的，现在，天下老百姓无不痛恨夏履癸了，整个夏朝在老百姓的心中已经崩塌了。

第二，全力塑造商履的好名声，传播出去，让全天下的人都知道，商履是一个天上地下独一无二的仁义之君。

有一个非常典型的宣传案例：有一次，商履外出，在野外看到有人张着罗网在打猎。他不忍心禽兽被捉，愤怒地朝那个猎人叫道："你想一网打尽吗？混账东西！"他立刻命令猎人把网撤去三面。如此一来，罗网里的禽兽就纷纷逃走了。

智囊团队立刻把这个案例拿出来大做宣传：你们看哪，我们的商伯连禽兽都不忍心杀害，真是一个仁义之君啊！

总而言之，商履通过舆论宣传，把天下民心逐渐地从夏履癸那里拉到了自己这里。

获得民心，是成功夺取天下最为基础的一步。

我说的是最为基础，因为要最终成功夺取天下，还有很多重要的事要去做，比如：战争。

伊挚认为，夏朝经过四百多年的建设，虽然现在夏履癸暴虐无道，民有怨恨，但在诸侯中仍然有很大的威信，尤其军事实力仍然强大，绝对不可以马上出兵讨伐，必须积极筹备，等待时机。

做事，一定要掌握节奏。

虽然不能向夏朝直接动手，但可以先剿灭一些拥护夏朝的诸侯国，剪除夏朝的羽翼。

只是现在有一个问题：如果向那些拥护夏朝的诸侯国用兵，会不会引起夏履癸的怀疑，从而打草惊蛇，引发夏履癸出动大兵来攻打商国？

"这个你可以放心，如果我们攻打那些诸侯国，夏履癸不会来救。"商履微笑着说。

"为什么？"

"因为我有朝廷授予我的'得专征伐'的大权。"

很多年来，商国对夏朝表现出的是绝对的忠诚，并且商国也是一个强大的诸侯国，因此，为了维护夏朝的统治，夏帝特许商国可以不经朝廷的批准去征伐任何一个诸侯国。

伊挚没想到商国还有这个特权，同时他也感叹，夏帝万万没有想到，他最信赖的诸侯国，也是野心最大的诸侯国。

既然商国拥有"得专征伐"的特权，那么，现在，应该向谁先动手呢？

伊挚认为，毫无疑问，应该是葛国（今河南省宁陵县北）。

葛国是商国的邻居，同时也是夏履癸放在商国身边的一个耳目。商国有任何的动作，葛国都会第一时间向夏履癸汇报。

更加重要的是，葛国在商国的东部，而葛国的前方，就是大夏王朝的帝都斟鄩。葛国，是挡在商国伐夏道路上的第一道屏障。

因此，无论从哪个方面考虑，商国第一个要消灭的，必定是葛国。

葛国，你没有罪，你唯一的罪，就是你离商国太近了。

　　古代诸侯国之间的征伐，任何一次出兵，都必须有一个正当的理由。

　　这就是所谓的"师出有名"。

　　如果出兵没有一个可以说服旁人的正当理由，那必将遭到天下人的反对。

　　现在，商履决定对葛国用兵，真实的理由是不能摆上台面来说的，必须设计一个冠冕堂皇的理由，让葛国无可辩驳，让其他诸侯国觉得有道理，让天下老百姓都觉得大快人心。

　　聪明的伊挚最终设计出了一个理由。

　　在我看来，这是一个天才的理由。

第十五章

商履翦羽

谁也别拦我打怪升级

伊挚设计的这个理由是：葛国君主不祭祀祖宗神灵。

在夏朝，人们对祖宗神灵是非常崇敬的。

家家户户都会在自己家里设置神龛，逢年过节烧个纸，焚个香，对先人磕头拜一拜，保佑一家人身体健康发大财。

至于国家，那对祭祀就更加讲究了。无论是中央政府，还是诸侯国，都设有专门的祭祀部门。每到特定的日子，国君都会亲自率领群臣，在郊外或殿堂举行盛大的祭祀大典，向老天祈祷风调雨顺，国泰民安。

但偏偏这个葛国是个例外，这一年来，它很少祭祀祖宗神灵。

这个肯定是犯了夏朝的国法的。

为什么葛国敢犯国法？

原因是，它跟有施国一样，也想叛乱。

但它并没有玩不进贡那一套把戏，因为不进贡就意味着公然反叛，中央大军马上就能杀到。它只是用不祭祀祖宗神灵的方式试探一下朝廷。

毕竟像不祭祀祖宗神灵这种事，它仅仅是违法，你不能说它是叛乱。

按说，犯了国法，应当由中央政府派官员下来调查，然后根据实际情况，给予惩罚。

但是，商履插手了。

商国与葛国是平等的诸侯国关系，从法理上来说，商国是没有权力干涉葛国的内政的。

但商国偏偏就去干涉了。

因为，这是夏履癸派人叫商履去调查的。

不要忘了，商国一向有"得专征伐"的大权，此时夏履癸对商国是颇为倚重的。

但夏履癸对商履并不是百分百信任，他叫商履去调查的目的，其实是加深商国与葛国之间的矛盾。

这就叫"帝王制衡术"。

商履早就想向葛国开战，一直找不到很好的借口。夏履癸这相当于"雪中送炭"，给他提供了一个绝好的借口。

因此，他拿着这把"尚方宝剑"，派人去质问葛国国君："你们为什么不按国家规定祭祀祖宗神灵？"

葛国国君一脸的委屈，向使者诉苦："我们地方小，穷啊，你又不是不知道，没有那么多的牛羊来做祭牲。"

使者一听，人家反映的是实情，葛国的确是公认的贫困小国，于是回去就把这个情况向商履反映了。

商履就派人给葛国送了一批牛羊过去，让他们赶紧祭祀。

谁知过了一段时间，葛国还是没有去祭祀。

一打听，葛国人居然把那批牛羊给宰掉，吃了。

商履气得直发抖：你们上辈子是饿死的吗？

众所周知，祭牲用完后，又不是直接丢了，到头来还是要给人吃的嘛！你倒是先祭祀，再吃也不迟呀！就这么等不及吗？

他又派人去质问。

这一次，葛国国君又愁眉苦脸地对使者说："我们穷啊，再加上旱灾，地里种不出粮食，老百姓都快饿死了，哪里还有心情去祭祀啊！"

商履忍了忍，还是没发作，就派了一帮青壮年去帮葛国人种地，还派了一些老人和小孩赶着牛车去给葛国人送粮食。

接下来，葛国人充分展现了什么叫作"奇葩"。

他们吃了饭以后，把牛和车都给抢走了，顺便还把送粮食的一个小孩给杀掉了。

商履看到葛国人的奇葩行为，笑了。

史书上说商履很气愤，但其实他是笑了。

因为，他终于找到了一个征伐葛国的最好借口。

我甚至怀疑，把小孩杀掉的，就是商国自己人，然后嫁祸给葛国。

为了找理由征伐葛国，商履什么干不出。

接下来，商履开始了他演技派般的实力表演。

在大众面前，他装作特别气愤，大声说道："像这样野蛮的民族，最好的办法，就是把他们消灭掉。"

现在，夏履癸以及中央政府的大臣们，你们有什么可说的吗？

没有！（哑巴吃黄连，有苦说不出，因为就是夏履癸当初示意商履去调查的）

各位诸侯国，你们有什么反对意见吗？

没有！（是夏履癸授意商履去讨伐葛国的，想反对也没用）

全国同胞们，你们对葛国这样的行为，有什么想法吗？

给他们一个教训！（其实是被商履蒙骗了）

好了，商履得到了所有人的默认和支持，出兵的理由非常充足，他立刻出兵，向葛国发动了攻击。

这一场战争毫无悬念。

在商国强大的攻击之下，穷得没饭吃的葛国，很快被占领了。

当时，商国可控制的地方仅国都毫方圆七十里，占领葛国后，可直接控制的领土，一下子就扩充到了上百里。

占领葛国之后，接下来，商履开始攻打下一个诸侯国。

这个诸侯国，叫有洛国。

夏履癸怒了：之前你攻打葛国，还可以说是代我惩罚葛国。现在没经我同意，你就敢擅自攻打有洛国。还反了天了！

于是，夏履癸派人下来质问商履。

商履这时打得兴起，没有时间去解释。

再说了，他有一个"得专征伐"的特权，想征伐谁，是不需要得到夏履癸的事先批准的。

没几天，他就占领了有洛国。

接下来，他再接再厉，又连下九国。

这就是历史上著名的"十一征而天下无敌"。

眼看着商履的地盘越来越大，这已经严重威胁到了夏朝的统治。

夏履癸受不了了，下了一道严旨，派使臣到商国，召商履入朝，让他当面好好解释解释。

商履很纠结：不去吧，这是公然抗旨，死罪；去吧，一入虎穴，生死未卜啊，谁知道夏履癸会不会杀掉自己。

但最终商履还是决定去。

原因很简单：不去，那就意味着叛乱，夏朝大军很快就会杀过来。商国虽然已经占领了十一个诸侯国，实力比之前提高了许多，但总体上仍无法与夏朝抗衡。现在就与夏履癸撕破脸，是不明智的。

商履把后事都安排好了，如果自己此去被夏履癸杀了，那就由伊挚扶持太子商托（太丁）继位，待时而动。

商履一到斟鄩，就被夏履癸下令囚禁在夏台（今河南省禹州市）

从这件事可以看出，夏履癸其实并没有传说中的那么残暴。

如果他残暴的话，他完全可以这个时候把商履杀掉，而不是简单地囚禁起来。

我翻遍夏履癸执政时期的史料，并没有发现他杀过哪个诸侯。

即使是有施国和有缗国公然叛乱，夏履癸派大军去征讨，最终也没有把那两个国君杀掉。

从这点来说，夏履癸其实还是一个比较讲情义的人。

看来看去，夏履癸最大的缺点，就是骄奢淫逸、大兴土木。

但骄奢淫逸、大兴土木这种事，在很多圣君身上都发生过，比如唐太宗李世民执政后期，唐玄宗李隆基执政后期。

但不管李世民、李隆基执政后期怎么骄奢淫逸，他们好歹没有亡国，所以历史对他们总的评价是好的。

夏履癸亡国了，历史由商履来书写了，所以，在后世人的印象中，夏履癸就是一个无恶不作的暴君加昏君。

其实一个帝王骄奢淫逸真不一定会亡国；如果他亡国了，只能说，他天命如此了。

夏履癸亡国的直接原因，是因为他还不够残暴。

如果他把商履杀掉，很难说商托能担得起推翻夏朝的重任。

当然，一切都只是假设，而历史是没法假设的。

夏履癸囚禁商履，压根就没想过要杀他，顶多做个样子，吓唬吓唬他，顺便提醒提醒天下诸侯：你们还敢学商履，不经过我的允许，擅自扩大地盘么？尽管去学，牢房里的商履就是你们最好的榜样。

在没想到更好的处理办法的时候，夏履癸只能把商履关着。

这一关，就是一年。

与此同时，伊挚已经发动所有的关系在积极地营救商履了。

根据经验，伊挚一定会给朝廷许多大臣奉送大量的金银财宝，让他们去说服夏履癸释放商履；同时，也会奉送大量的奇珍异宝和美女给夏履癸，求他把商履放了。

有施国和有缗国战败，就是因为送了绝色美女给夏履癸，夏履癸最终才放过那两个诸侯国。

从表面看来，夏履癸的确是一个贪财好色之徒，收人钱财，给人办事。

但如果你真的认为这是夏履癸放过两个诸侯国的原因，那你就太天真了。

真正的原因是夏履癸并不想彻底消灭他们，只是给他们一个教训罢了，给彼此留一个余地，同时也是向其他的诸侯国展示他作为帝王的宽宏大量。

出于同样的原因，夏履癸最终把商履放了。

但是，商履并不懂得感恩，相反，回到商国后，他更加迫切地想推翻夏朝的统治。

在他看来，这辈子如果不称帝，人生在世，那简直是没有任何意义。

商履蹲了一年号子，这号子可不是白蹲的，一生中难得有这么闲暇的时光，让他可以从容地思考如何谋夺夏履癸的江山。

在号子里，他想得最多的，就是如何策反那些对夏履癸不满的臣工和诸侯，为己所用。

回到商国后，他立马着手做策反工作。

史书上说，一天之内就有五百个诸侯跑到商国任职，这绝对是吹牛不打草稿，但也多少反映了当时的民心所向，的的确确很多有识之士已经看懂了天下大势，便投奔明主，博一个好前程。

商履策反的都是一些小的诸侯国，真正的大诸侯国，根本就不搭理他。

当时，有三个实力强大的诸侯国，分别是韦国、顾国、昆吾国。商履派人去策反这三大诸侯国，结果使者被赶了出来。

这三大诸侯国心里有气：我也是大诸侯国，凭啥为你卖命？

——既然你不为我卖命，那你就是我的敌人。对于我的敌人，我必除之而后快！

商履决意征伐这三大诸侯国。

经过精心策划，他把第一个征伐对象，瞄准了韦国。

为什么是韦国？

答案很简单，韦国在今河南省滑县，离商国国都亳只有二百二十公里，距离很近；更重要的是，韦国是这三大诸侯国里最弱小的。

以往出兵还装模作样找个正当的理由，这一次，商履没有再找理由。

他没有打招呼，出动了一支奇兵，很快兵临韦国城下。

韦国人还没睡醒，就听见外面喊声震天。等反应过来的时候，城门已经被攻破了。

拿下韦国之后，商履根本顾不上休息，他率军转头就向顾国奔袭。

顾国在今河南省范县，离滑县只有一百一十公里左右。急行军驾驶战车一天时间即可赶到。

听到韦国被灭的消息，顾国匆匆忙忙开始做准备。

但是，很遗憾，已经来不及了。

势单力孤的顾国，很快就沦陷了。

昆吾国很恐慌，到了此刻，它知道，商履的下一个目标，就是自己。

昆吾国国君一边积极地整顿军备，准备与商履开战，一边派出使者星夜赶赴斟鄩，向领导夏履癸汇报，指责商履狼子野心，祸乱天下。

夏履癸虽然很生气，但是并没有对商履采取任何的惩罚措施。

在夏履癸看来，只要不叛乱造反，吞并个把诸侯，并无多大关系。

但是接下来的一件事，把夏履癸彻底激怒了。

原来，商履公然宣布，自此以后，不再向朝廷进贡。

这倒不是商履屡战屡胜心态膨胀了，而是伊挚给他出的一个主意：不向朝廷进贡，试探九夷之师是否支持夏履癸。

所谓九夷之师，指的是东方的夷族部落。这里的"九"并不是九个，而是很多个。

当时的夷族部落，人高马大，善用弓箭，战斗力天下无敌。

四百多年来，夷族部落一直是支持夏帝的。

现在，夏履癸执政，实施的诸多不仁也不德的政策，搞得天怒人怨，很多诸侯国都纷纷背叛了夏朝。

商履无法确定夷族部落是否会继续支持夏履癸。

因此，伊挚就想了这个办法，去试探九夷之师。

夏履癸这个人，什么都可以容忍，就是无法容忍诸侯国不向朝廷进贡。

因为不向朝廷进贡，就意味着宣布不再臣属于夏朝，就相当于是叛逆造反。

这是触碰到夏履癸的底线了。

他马上下令，尽起九夷之师，征伐商国。

九夷之师接到夏履癸的谕旨，行动迅速，立即集合，随时准备向商国发动攻击。

商履按照伊挚的计策，还没等夏履癸正式发兵，立马派遣使者前往斟鄩，向夏履癸进贡请罪，请求夏履癸的原谅。

从亳出发的使者，带了大量的财宝，先送给了夏履癸身边的谀臣，让他们在夏履癸面前说好话。

夏履癸听了谀臣们的话，就下令罢兵。

昆吾国国君很着急，上书力劝夏履癸对商国用兵。

夏履癸安慰昆吾国国君，说：放心好了，商履已经知罪了，以后不会来侵犯你的，你也不许去侵犯人家，你们两家要亲如兄弟，和平相处哦。

昆吾国国君要疯了。碰上这么个痴呆的领导，也算是自己倒霉。

接下来一年的时间，昆吾国国君每天都处于一种焦虑之中。

与其被动挨打，不如主动出击。

昆吾国国君终于下定决心，不再听痴呆领导的命令，为了自己的前途，豁出去了。

于是，他亲自率领大军，向商国进攻。

商履很兴奋。

他早就想灭掉昆吾国了，只是一直顾虑夏履癸插手。

现在，昆吾国国君不跟夏履癸打招呼，自行向自己发动进攻，那自己完全可以合理合法地迎战。

——昆吾国，这可是你自找的，可别怪我不客气了。

昆吾国不愧是实力强大的诸侯国，跟商国硬碰硬，打打停停好几年，商国一直没有占到什么便宜。

直到四年后，商国才把昆吾国灭掉。

就在跟昆吾国开战前，夏朝一个极其重要的人来投奔商履了。

这个人叫终古，是夏朝的太史令。

作为一名学识渊博的史官，他已经可以预见大夏王朝这栋大厦必将倾塌。

但是，他仍然不忍心眼睁睁地看着夏朝就此覆灭。

他决定尽他的余力，对夏履癸进行最后一次劝谏。

他沐浴更衣，很严肃地占了一卜。

他祈祷着吉卦，试图通过这种虚妄的东西来拯救夏朝。

但是，他还是失望了。

最终的占卜，是凶卦。

在那一刻，他号啕大哭。

他拿着凶卦的结果，哭着来到朝堂，呈献给夏履癸，说，上天已经发怒，大王您如果再不收敛，我大夏王朝危在旦夕矣。

但夏履癸不屑一顾。

"我有九夷之师，天命必定在我这边！"

他挥了挥手，叫终古退下。

终古绝望了，他哭着离开了朝堂。

思来想去，既然卜卦显示夏朝必亡，那还不如去投奔商履。

弃暗投明，是每一个头脑正常的人都会做的选择。

终古抱着一大摞夏朝的史书和法典，来到了商国。

终古的到来，令商履大喜过望。

因为终古是太史令，他的到来，更多的是一种象征意义。

这种象征意义就是：夏朝的历史即将过去，属于商朝的历史，即将到来。

他马上把这个消息告诉了所有诸侯，说："夏王无道，残害百姓，逼迫父兄，侮辱功臣，轻慢贤人，抛弃礼义，听信谗言。众人都怨恨他，他掌管法典的臣子已自行归顺了商国。"

从目前的情况来看，在推翻夏履癸统治的道路上，最大的障碍，就是九夷之师。

要打是打不过的，最好的方式，就是策反。

一直以来，策反就是商履最厉害的武器之一。

商履派出了很多口才厉害的使臣，拿着丰厚的财宝，分赴夷族各个部落，对部落首领们进行策反。

策反的说辞，无非就是以下两个方面：一、夏履癸残暴无道，天下民心已失，你们犯不着再为他卖命了，以夏履癸那种反复无常的性格，他迟早会拿你们开刀；二、商伯仁义无双，天下民心尽归商国，你们最好认清形势，弃暗投明，将来推翻夏履癸的统治，你们就是大商朝的开国将领，荣华富贵，世代永传。

夷族的首领们都是成熟的政治家，也都能看清形势，让使臣们这么一说，财宝一拿，都纷纷表示，不再支持夏履癸。

整个形势已经极其不利于夏朝。

此刻，整个朝廷，最为忧心忡忡的，是首辅大臣关龙逢。

第十六章
鸣条之战

一战定输赢,筹码是天下

◎

关龙逄的祖上，连着十几代，都是牧正。到了关龙逄，还是个牧正。

牧正，就是管理畜牧的官员。《西游记》里对这种官职有个谑称，叫"弼马温"。

关龙逄弼马温大人每天就守在牧场里，兢兢业业，忠于职守。

从目前的情况来看，关龙逄这辈子是离不开这个牧场了。在可以预见的将来，他顶着弼马温的头衔寿终正寝后，他的儿子将继承他的弼马温职位，在这个牧场上继续守下去。

世世代代，放牛养马。

但是，他的命运在某年某月的某一天，因为一个人的出现，发生了翻天覆地的改变。

这个人就是夏发。

夏发是一位贤明的君主，继位后，深感优秀的人才是治理好国家的根本，于是，他四处访求贤士。

有一天，他去田间打猎。半途中，忽然就下起了大雨。

正好前方不远就是畜牧管理处。

夏发驾车赶到畜牧管理处躲雨。

在这里，他见到了关龙逄。

此时的关龙逄已经五十多岁了。

当他看到夏发到来，很激动，以为领导下来视察了，连忙向领导汇报畜牧工作。

夏发对关龙逄的工作很满意，左右闲着也没事，就跟关龙逄闲聊起来。

这一聊，就聊到了国家大事。

虽然这么多年来关龙逄一直干弼马温的活，但他对于国家大事可没少关注。以他这种小官，平常根本就没机会见到君王。今天夏发亲自到来，他趁着这个机会，忍不住就对领导发表了他对国家大事的某些看法。

夏发一听，这位大哥的观点很是独到啊，令人耳目一新。

于是，他赶紧虚心地向关龙逄请教起来：你有什么治国的策略吗？

关龙逄是养马出身，于是，他就以养马来比喻治国，深入浅出，向夏发提出了很多治国的建议。

夏发越听越惊讶，深感这是一个不可多得的国家栋梁之才，待在畜牧管理处这个小地方，绝对是埋没了人才。

他回宫后，立马发下谕旨，提拔关龙逄当了中大夫；几年之后，又提拔关龙逄当了首辅大臣。

关龙逄把国家治理得是井井有条，最大限度上提高了社会生产力，并缓和了日益突出的社会矛盾。

在关龙逄的治理之下，大夏王朝走上了蓬勃的复兴之路。

夏发在位十七年后，驾崩了。

临死前，他把儿子夏履癸交到了关龙逄手里，万般叮嘱关龙逄，要他好好辅佐夏履癸。

关龙逄泪流满面，他向夏发发誓，一定不负重托，必当竭尽全力，辅佐帝储，完成大夏王朝的复兴大业。

夏发欣慰地笑了。

他相信，有了关龙逄的辅佐，再加上夏履癸这小子也是文武双全，大夏王朝必将开启一个新的全盛时代。

但是他看错了。

他看错的是他的儿子。

夏履癸即位的前几年，还是很规矩的，事事都听关龙逄的，国家也颇为兴旺。

但是，有施国一战，自从妹喜到来，他就变了，由之前的勤俭节约，变得骄奢淫逸。社会动荡，民不聊生，大夏王朝快速地衰落了下去。

关龙逄作为首辅大臣，每天都苦口婆心地劝谏夏履癸，叫他收敛。

这一劝，就劝了二十多年。

夏履癸其实也知道关龙逄是为他好，但他就是听不进去。

这就好像我们现在很多父母经常教育子女，要好好学习天天向上，将来考上名牌大学才有出息，考不上就只能去工地搬砖。子女们何尝不知道这个道理，但听多了就是烦，越听心里越叛逆。

叛逆的夏履癸，不知从什么时候起，对这名忠心耿耿的老臣起了杀心。

——再劝，就杀了你！

商履先后灭掉韦国、顾国、昆吾国后，他夺取天下的野心早已昭然若揭。但这一切都被自负的夏履癸选择性忽视了。在夏履癸看来，他有九夷之师，小小商履，根本不足虑。

关龙逄看在眼里，急在心里。

他见书面和口头劝谏无效，就决定换一种劝谏的方式。

这一天，他拿了一幅特制的黄图（就是国家地图），献给夏履癸看。

献完之后，他也不说话，站在一边。

黄图上用不同的线条、颜色，勾画着大夏王朝历朝历代的疆土。

在开国大帝夏启的时候，大夏幅员广阔；但到了夏太康、夏仲康的时候，就少了一半了；夏相之后，全部丢失了；夏少康复国，把丢失的国土收了回来；到了夏不降，幅员最为辽阔；但从夏孔甲开始，疆土渐渐又缩小了。

现在，夏履癸呀，这幅黄图将来是大是小，就看你的了。

夏履癸其实何尝不懂关龙逄献图的意思，不就是要咱励精图治吗？我就不励精图治了，我就爱花天酒地，你能拿我咋样？

他见关龙逄不说话，自己也不说话，只是叫了个人来，点了把火，当着关龙逄的面，把黄图给烧了。

看着袅袅升起的烟火，关龙逄的心彻底凉了。

"你还有什么话说吗？"夏履癸问。

"没有了。"关龙逄摇了摇头。

他已经决定，回头就去写一封辞职信，告老还乡。

但是，夏履癸没有给他告老还乡的机会了。

夏履癸决定，带他去看一样东西。

他们来到了瑶台。在瑶台上，酷吏正在对一些奴隶实施酷刑。

接下来，夏履癸和关龙逄展开了一段著名的对话：

"观看这种刑罚快乐吗？"

"很快乐。"

"观看酷刑为什么不悲伤呢？"

"天下人认为最苦的恰恰是君认为最乐的，我是君的臣，为何不高兴呢？"

"我听你说，说得对我就改正，说得不对我就对你施加酷刑。"

"我看君头上悬着危石，脚下踏着春冰，头顶危石无不被石覆压，脚踏春冰无不下陷。"

"你是说国家死亡，我要同国家一起死亡。你只知我要灭亡，却不知你就要灭亡吗？"

关龙逢仰天大笑，泪水却是滚滚而下。

他没想到，自己辅佐两代帝王，对这个国家做出了卓越的贡献，到头来，这个臭小子现在却要他的命。

他没有恳求夏履癸饶他一命，只是向北而跪，拱手朗声道："先帝啊，臣不能规劝天子向善，国家灭亡在即，臣之罪也！臣深负先帝重托，当以死报！"

他不再看夏履癸一眼，从容赴死。

那一个场景，千载之下，所有的忠臣，不能不为之潸然泪下。

在此之前，夏履癸从未杀过任何一个诸侯，也从未杀过任何一个大臣。

因此，可以这么说，称夏履癸是"暴君"，那是对他的污蔑。

但是，这一次，夏履癸杀掉了首辅关龙逢，他这个"暴君"的身份，那是坐实了。

天下人都知道，关龙逢忠肝义胆，仁义无双，在很大程度上，他是大夏王朝能够维持下去的金字招牌。

但是，现在，这块金字招牌被夏履癸亲自打碎了。

用我们后世的话来说，他这是自毁长城。

他彻底失去了民心。

伊挚观察到了这个形势，他建议商履，不再向朝廷进贡，再次测试一下夏履癸、天下诸侯以及九夷之师的反应。

面对商履的反复无常，夏履癸很愤怒，这一次，他打算彻底把商履灭掉。

于是，他在有仍国召集了诸侯开会，商讨征伐商国的大计。

他惊讶地发现，这次来的诸侯很少，并且他深所依赖的九夷之师也没有来。

所有的时机都成熟了！

公元前 1600 年，商履在景亳（今河南省商丘市梁园区）誓师，正式征伐夏朝。

在誓师大会上，商履命人朗读了一篇讨伐檄文，这就是著名的《汤誓》。

《汤誓》是中国历史上相当知名的一篇讨伐檄文，主要内容是：

"不是我商履犯上作乱，实在是夏履癸罪大恶极。为什么我要你们放弃农活去打仗呢？夏履癸那家伙自己生活奢侈腐败，却让你们承受沉重的徭役，弄得民不聊生，怨声载道。他还死不要脸，自称是永不坠落的太阳。你们对他不是忍无可忍了吗？现在，我奉上天的意旨去讨伐他，希望你们支持我，跟我一道去讨伐。"

最后，商履还学着夏启的《甘誓》，威胁了大家一把："要是你们不执行我的命令，我就要从严惩处你们和你们的家属，决不赦免！"

此时的形势非常明朗：夏履癸已经众叛亲离，夏朝中央军大概只有两千人；而商国这边的联盟军，有六千多人。

商汤亲自率军出征，在他的左右，是伊挚与仲虺两名股肱重臣。

大军的先锋大将，是费昌。

这个费昌，他的老祖宗就是当过帝王的伯益。夏启当年从伯益手里夺过了帝位，自然也不会给伯益的后人什么好脸色，随便扔了块又小又穷的封地，打发了事。四百多年下来，别人家的封地不断地扩张，唯有他家的封地一直是老样子。费昌也不受重用，在朝廷里也只是个小干部，一直升不上去，可谓仕途黯淡。

既然夏朝不待见自己，那就找别的出路。

史书上说他是个贤臣，敢于进谏，其实他就是一个投机分子。

他眼看着商国坐大，审时度势，觉得投靠商履是一个好机会，如能辅助商履推翻夏朝，那自己就是开国功臣，到时，整个家族就能扬眉吐气。

怀着这种投机心理，他追随终古的脚步，悄悄跑到了商国。

在夏朝不受重视的费昌，一到商国，立马受到了商履的重用。商属封他为开路先锋大将。费昌很受激励，表示一定誓死效忠商伯，消灭夏履癸。

商国部队与夏朝中央军在鸣条（今河南省封丘县东）陈列了方阵。商履信心满满，斗志昂扬。

——我为这一战，整整准备了二十年。推翻夏朝，夺取天下，只在今天这一战！

夏履癸看着对面战车中站立着的商履，心中无比愤怒。

——逆臣反贼，我夏履癸受命于天，大夏王朝也必将永远存续。你蜉蝣撼大树，不自量力！今日这鸣条之地，就是你葬身之处！

其时，天空雷声轰隆，大雨滂沱，伴随着夭矫的闪电，整个世界看起来气势恢宏，很有点好莱坞大片《魔戒》里大场面的感觉。

费昌对夏履癸很是仇恨，他亲率一支先锋队伍，首先向夏军发动了进攻。

在如潮的呐喊声中，兵锋相接，两支队伍开始了激烈的厮杀。

商军固然勇猛似虎，夏军也是骁勇如狼。

在这种大规模的兵团大战里，拼的不仅仅是勇猛，还有实力。

在人数上，商军是夏军的三四倍，三四个打一个，夏军渐渐地支撑不住了，接连败退。

杀了整整一天，夏军最后只剩下了五百残兵。

夏履癸见商军势大，心下怯了，率残兵逃向了三朡（zōng）国（今山东省定陶县北）。

三朡国君一直以来都对夏朝忠心耿耿，对商履之叛逆很是痛恨。

他恭恭敬敬地把夏履癸迎进了城中，再次向夏履癸效忠，并慷慨激昂地表示，若商履敢来追击，我必定率领三朡所有军队，跟商履决一死战，以保大王无恙。

夏履癸很感慨：我现在穷途末路到这种地步了，没想到还有这种忠臣啊！

商履乘胜追击，一直追到了郕（chéng，今山东省汶上县北）。

三朡国君早已列军在那里等着他了。

虽然三朡军队很弱小，殊无战胜敌人的把握，但三朡国君丝毫不惧，为保夏履癸，纵然战死沙场，也无怨无悔。

很多人单纯地认为商履是正面人物，夏履癸是反面人物，拥护夏履癸的三朡国君自然也是反面人物。

可是，在我看来，在这场最高权力争夺战中，没有所谓的正面人物和反面人物的严格区分。

在三朡国君身上，我看到的是忠诚和勇气。

尤其在面对实力数倍于自己的敌人时，这种忠诚和勇气，更是显得珍贵。

这是一场毫无悬念的战斗。

忠诚的三朡军队，拼杀到了最后一人，没有一人投降。

在他们看来，商履就是叛臣逆贼，面对叛臣逆贼，能杀一个是一个。

三朡国君在战场上奋力砍杀，虽身负重伤，仍然不倒。

最后，一支长戟刺进了他的胸膛。

他用鲜血，兑现了对大夏王朝的忠诚。

大夏王朝四百年腥风血雨的历史，在三朡国君慢慢倒下的身躯里，结束了。

一个伟大的王朝，就这样结束了。

那天，夕阳西下，满天晚霞。

三朡国破，夏履癸被俘。

商履并没有把夏履癸杀掉，而是把他流放到了南巢（今安徽省巢湖市）的亭山上。

此时的夏履癸长吁短叹，他最悔恨的就是，当初囚禁商履，为什么没有把他杀掉。

夏履癸的事，是一个惨痛的教训。

按理来说，读历史，就是要以史为鉴，不要再犯同样的错误。

但事实证明，后世的很多帝王，历史读了也白读，因为他们根本就没有吸取夏履癸的教训。

譬如：纣王放了周文王，项羽放了刘邦，刘玄放了刘秀，曹操放了刘备。

如果对方是一头老虎，当你心软，放了他们，那么，最后遭殃的，就是你自己。

所以，真正事业有成的帝王，一定是残忍而果决的。

最后还有一个人，我们也要交代一下她的结局。

她就是妺喜。

妺喜已经失宠很多年了，在伊挚的策反下，她成了潜伏在夏履癸身边的卧底。妺喜这个卧底出色地完成了伊挚交给她的任务，这么多年来，一直源源不断地向商国传送着夏朝最核心的情报，可以说，为商国彻底推翻夏朝，立下了不小的功劳。

对于这样一名大功臣，商履给予她的赏赐，就是一条白绫。

因为在商履的眼里，妺喜，就是红颜祸水。好好的一个夏朝，就是活生生地毁在她手里的。

所以，为了警示世人，妺喜必须死。

现在，夏朝正式灭亡，夏履癸也被囚禁起来了，必须有一个人代替夏履癸，登基称帝。

毫无疑问，这个人就是商履。

于是，所有的诸侯与大臣都一致推举商履称帝。

商履当然很开心，但是，在称帝之前，他必须完成一套传统的礼仪。

这套礼仪就是：三辞。

意思就是，我品德浅薄，不配当这个帝王，还是让更有贤能的人来当这个帝王吧。

这么推辞，要推辞三次。

所有的诸侯和大臣，开始配合着商履来演这场戏。

公元前 1600 年，商履正式登基称帝，建立了商朝，是为成汤帝。

商履论功行赏，封伊挚为尹。尹，就是宰相。

所以，从此以后，所有的人都称伊挚为伊尹。

伊挚从一个奴隶，到如今大商王朝的开国宰相，他的人生经历的确相当的励志。

在后人心中，伊尹就是一代名相。

可鲜为人知的是，就是这样一个为大商王朝的建立立下汗马功劳的名相，仅仅过了十八年，就发动了政变，自己成了大商王朝的帝王。

是什么，让这个赤胆忠心的名相，成了王莽式的腹黑人物？

第十七章
伊尹篡位

没想到你是这样的贤相

在历史上，"桀"是一个很有名的名称。但为什么我在之前的篇章里，从来不称夏履癸为"桀"呢？

因为夏履癸在世的时候，根本没有"桀"这个字。

"桀"是夏履癸死后，商履给他上的谥号，意思是"残暴的君主"。

我无意于给夏履癸翻案，毕竟他的那些执政措施让天下老百姓没有过上好日子，还有，他居然把对他忠心耿耿的关龙逄杀掉了，称为"残暴"，也不算冤枉他。

夏桀，此后几千年，被牢牢地钉在了历史的耻辱柱上。

而继夏桀之后改朝换代登基称帝的商履，则被牢牢地张贴在了历史的光荣榜上。

雄主商履最厉害的地方，就在于他用对了人。

而伊挚（以后我们得称他为"伊尹"了，毕竟这个名字更有名），毫无疑问是他用得最得当的高级人才。

可以这么说，没有伊尹，就没有商履的天下。

伊尹是顶级厨师出身，他有一句很有名的话，叫"治大国若烹小鲜"。这是伊尹第一次见到商履时阐述的治国理念。

建立商朝后，伊尹用他"烹小鲜"的理念，协助商履治理天下，很快就恢复了国民生产力，国家的疆土也比之前的夏朝广阔了许多，大商王朝迎来了一个盛世。

而他最有名的施政措施，就是在商履驾崩后，改革了帝王继承制度。

大夏四百年王朝，是典型的"父死子继"制。

商履还未称帝时，就立了嫡长子商托为太子，他可没有把帝位传给弟弟那样的广阔胸襟。

按原计划，是应该由商托来继位的，但商托命薄，死在了老爹的前面。

商托有几个儿子，大儿子商至（太甲）那时候年纪还小，不适合继承帝位，所以，商履就把二儿子商胜（外丙）立为了帝储。

商履驾崩后，商胜继位。德高望重的伊尹就成了摄政。

请注意，是摄政。

商胜是个短命鬼，在帝王的位子上只坐了三年，就去天上见他父兄了。

商胜有儿子，按照传统的"父死子继"的制度，应该是由商胜的儿子来继承帝位的。但是，伊尹偏偏做出了一个决定：由商胜的弟弟商庸（仲壬）继位。

从此之后，"父死子继"制，就变成了"兄终弟及"制。当然，之后也出现过几次"父死子继"的现象，但在王室成员看来，"父死子继"是不合法的，只有"兄终弟及"才是合法的继承制。

商庸继位后，德高望重的伊尹还是摄政。

商庸比他哥更短命，只干了两年，就一命呜呼了。

商汤一共就这仨儿子，现在全死光了。

写到这里的时候，我不由对商胜和商庸的死产生了怀疑。

虽然历史上没有任何记载，但我真的怀疑商胜和商庸都是伊尹害死的。

我的怀疑并非没有根据，根据来源于后面的商至被废事件。

我相信伊尹对商履的忠心耿耿，我也相信他们之间那种深厚的师生情、兄弟谊。

商履在位期间，伊尹是绝对不敢有任何的异心的，他一门心思辅助商履治理天下。

出于对伊尹绝对的信任，商履临死前，把商胜托孤给了伊尹。

伊尹当然会泪流满面，向领导表达他的赤胆忠心，一定要好好辅佐商胜。

成为摄政的伊尹，牢牢把控着朝廷所有的大权，商胜这个名义上的帝王，不过是个傀儡而已。

——一句话，我说啥就是啥，你必须按我说的来做。

商胜是个平庸的帝王，在相父级别的伊尹面前，他只有一个权力，那就是伊尹交上来的报表，他只要盖章就行，其他的啥也不能干。

类似案例可以参考后世的刘禅与诸葛亮的关系。

其实，如此平庸的商胜完全可以控制了，但为什么我还怀疑伊尹把商胜给害死了？

原因只有一个：商胜可能不大听话，有反抗的迹象。

毕竟，商胜那时候年纪也不小了，几十岁的成年人了，想着自己老爹辛辛苦苦打下来的江山，自己也是名正言顺的继承人，却一点权力都没有，心里肯定是不平衡的。

说不定哪天说漏了嘴，给伊尹听到了，伊尹只能下狠手害死他。

这也能解释，为什么好好一个傀儡帝王，工作又不累，当了三年就死了。

类似案例可以参见后世的王莽毒死汉平帝刘衍，梁冀毒死汉质帝刘缵，董卓毒死汉少帝刘辩，司马越毒死晋惠帝司马衷，高欢毒死北魏节闵帝元恭。

至于商庸的死，估计跟商胜差不多，一个不听话的傀儡，只有一条路，那就是黄泉之路。

终于轮到商至登场了。

五年之后的商至已经成年了。

这个帝位，本来就是他的，现在，只不过回到了他的手里。

当然，伊尹还是摄政。

这个时候的伊尹，已经是四朝元老了。

当了五年的摄政，他早就习惯了把自己视为全国人民心中的最高神灵。

他说的每一句话，都是全国人民朝九晚五必须背诵烂熟的宝典。

我们来看看他说的那些话：

"天之生此民也，使先知觉后知，使先觉觉后觉也。"（上天生育这些民众，使先明理的人启发后明理的人，使先觉悟的人启发后觉悟的人。）

"予天民之先觉者也，予将以斯道觉斯民也，非子觉之而谁也？"（我，是上天生育这些民众中先觉悟的人，我要用这个尧、舜之道来启发上天，教导民众。不是我去启发他们觉醒，又能是谁呢？）

通俗地解释一下，就是：我就是天上地下独一无二的那个先知，只有我才有资格来启发你们。

这是一个狂妄到没边的人说出的话。

为什么他能如此狂妄？

因为他已经掌握了王朝的最高权力。

类似案例可以参考明朝首辅张居正挂在自己家里的那副牛气冲天的对联："日月并明，万国仰大明天子；丘山为岳，四方颂太岳相公。"

伊尹是摄政，但他更喜欢自己的另外一个身份，教父。

所谓教父，就是动不动指点帝王应该怎么做。

伊尹威望很高，名声不错，从表面上，他必须要教一教商至这个年轻人怎么做帝王。

于是，他写了三篇文章给商至学习。

这三篇文章，分别是《伊训》《肆命》《徂后》。

《伊训》主要是教育商至如何施行德政，用德政来维持大商王朝的长治久安。

《肆命》主要是教育商至怎么分清是非道理，什么样的事情应该做，什么样的事情不应该做。

《徂后》主要是教育商至要按照祖先定的规矩行事，不能背弃祖训，任意妄为。

无论从哪方面来看，这三篇文章都是充满正能量的，是一个帝王的必修课。

当这三篇文章公开发表后，朝廷上下，所有臣工，无不为伊尹的教育理念赞叹不已。

由此，伊尹的威望就更高了。

名相啊，真是千古名相啊！

商至当然明白，必须要听从伊尹的教导。

他更明白，这个"教导"，应该理解为"命令"。

也就是说，伊尹叫你干啥，你就得干啥，比如新的政策制定出来了，你在上面盖个章就行了。

商至深深地明白，自己就是个傀儡。

他跟他的两位叔叔一样，都不想当傀儡。

两个叔叔是怎么死的，他未必不知道。

但是他很年轻，年轻人最大的特点，就是气盛。

年轻气盛的商至，想着自己的爷爷辛辛苦苦打下来的江山，自己作为合法继承人，却连基本的说话权都没有，这份工作有什么意思？

于是，在即位的第二年，他就慢慢不听话了。

在很多的场合，他开始发表自己独特的看法。

而一旦这些独特的看法跟伊尹的看法相左的时候，伊尹心里就不舒服了。

伊尹当然不好当众驳商至的面子，但是，他意味深长地看了商至一眼。

当商至看到伊尹那个眼光的时候，心里打了个冷战。

但是，他年轻气盛，所以，他就在他"错误"的道路上，越行越远。

伊尹终于出手了。

作为大商王朝权势滔天、威名赫赫的元老，他开始制造舆论。

制造舆论是伊尹最拿手的武器，当年商履还是诸侯的时候，那些抹黑夏履癸、拔高商履的舆论，全是伊尹一手策划的。

这一次，抹黑的对象，是年轻的商至。

在一波又一波的舆论里，年轻的商至被塑造成一个破坏祖宗法律制度、残暴对待老百姓的"暴君"。

夏履癸才死去十几年，他的那些暴行，很多人记忆犹新。

怎么，你小子刚刚即位才一年，就开始学夏履癸那一套，戕害天下臣民吗？

这是绝对不允许的！

于是，在许多大臣一致的建议下（当然是伊尹在背后鼓动），商至被废了。

他被伊尹流放到了桐宫（今河南省虞城县）。

桐宫，是商履的墓地。

按照伊尹公开的解释，就是让你在成汤帝的墓地边上好好反省，想想你爷爷当年创业是多么维艰。要是反省好了，做出深刻的检讨，到时看情况再把你接回来，继续让你当帝王。

手腕老到的伊尹，这一套流程下来，一点破绽没有，臣工们无不拍手叫好：做得好，做得呱呱叫！伊尹就是为国家、为社稷着想，不愧是一代名相啊！

伊尹任意废除帝王，在历史上开了一个很不好的头。

两千多年后，西汉一个叫霍光的权臣完美地复制了伊尹的行为。

霍光是汉武帝刘彻的托孤重臣，受命辅佐年仅八岁的小皇帝刘弗陵。

刘弗陵当了十三年皇帝，驾崩了，没有儿子，霍光就迎立汉武帝的孙子昌邑王刘贺即位。

很明显，霍光就是想独掌朝政，立一个傀儡。但刘贺比较有个性，不想听霍光的摆布，霍光就动用舆论宣传工具，污蔑刘贺犯了一千一百二十七个错误。

可怜的刘贺，仅仅当了二十七天的皇帝，就被赶下了宝座，滚回了老家。

然后，霍光又迎立看起来很听话的刘病已（后改名刘询）当皇帝。

至此，霍光的权势达到了顶峰。

他被世人称为"汉代伊尹"，备受当世以及后世人的称赞。

只不过，霍光一生只当摄政，虽然他也有过篡位的想法，但终究没有跨出那一步。

而伊尹，跨出了那一步。

按理来说，废掉商至后，国不可一日无君，该立商至的弟弟为帝。

但贤相伊尹此时终于露出了他真实的面孔。

他直接登基称帝了。

我们以终为始，从结果出发，往前推，此时就会清晰地发现，前面伊尹所做的种种事情，都是为了今天。

也就是说，伊尹想篡位称帝，早就蓄谋已久。

商胜和商庸，只是两个用来过渡的棋子罢了。

最后那个"将军"的棋子，就是商至。

虽然朝中很多人都对伊尹称帝不满，尤其是商朝王室，对伊尹恨之入骨，但是，在绝对的权力面前，所有的嘴都会闭上。

在广大的臣民看来，伊尹称帝，是顺天命，应人心。

谁叫你几任帝王都不争气呢？要保证大商王朝的长治久安，没有伊尹根本不行。

这是绝大多数人达成的共识。

虽然这种"共识"的水分也很大。

后世的王莽也完美地复制了伊尹的行为，王莽比伊尹更进一步，直接改朝换代，新朝代的名字就叫"新"。

但伊尹并没有改朝换代，他仍是大商王朝的帝王。

伊尹是明智的。

如果改变朝代的名字，是会引起天下诸侯的反抗的。

但现在，伊尹可以宣称：我只是代替商至坐在这个位子上坐一坐，等商至反省好了，重新做人了，我再把这个位子还给他。

再加上那时伊尹都九十多岁了，还能有几年好活？万一他在帝位上死掉了，接任的不还是商至？

这么一说，就没人敢说什么了。

不得不说，伊尹实在是太聪明、太有手段了。

伊尹当宰辅，是一个伟大的宰辅。

现在，他当了帝王，也是一个伟大的帝王。

他继续实施从成汤帝以来的仁政，宽以待民，减轻赋徭，缓和社会矛盾，积极发展国民生产力。

大商王朝这艘航空母舰，在伊尹的掌舵之下，继续劈波斩浪，稳稳向前。

在接下来的七年时间里，没有什么大事发生。

但是，没有大事发生并不代表不会有大事发生。

在不远的桐宫里，有一群人正暗暗筹划着一场政变。

那群人的首领，当然就是商至。

商至被流放到爷爷的墓地边上，天天看墓地，追思爷爷的丰功伟绩，对照自己潦倒的处境，每天涕泗横流，长吁短叹。

他心里早就问候了伊尹的十八代祖宗，但是，只能在心里问候，表面上绝对不能流露出来。

因为，在桐宫的周围，布满了伊尹的眼线。

信不信只要他有任何异常的言行，他就会立刻追随他爷爷、父亲、叔叔于地下？

所以，他只能每天装孙子，每天烧香祷祝伊尹先生健康长寿、万寿无疆。

很可能他还在墓地边上种了一些蔬菜和瓜果，每天亲自浇水施肥捡虫子，自力更生，自给自足。如果有多余的菜果，说不定还可以送给下人尝尝。爷爷墓碑前的瓜果，应该永远是新鲜的。

当然，这一切都是做给伊尹看的。

从这一点来看，你不得不佩服商至。

年纪轻轻的，就能如此隐忍，真是一个厉害角色。

每天祷祝和种菜的商至，并没有消沉下去。

他曾经拥有帝王的身份，他希望有朝一日，可以重返那个高高在上的帝王宝座。

但是他不能急，他必须有步骤地筹划。

没有任何史料记载商至是如何筹划的，但是我们根据常识，应该可以判断，他一定策反了身边那些监督他的狱卒。

不然没法解释他后来是如何成功摆脱严密的监督的。

"你们跟伊尹混，一辈子也就是个狱卒；但是你们要是跟我混，以后我成功了，你们就是大臣，荣华富贵，不可限量。"

"人生就是一场赌博，如果你不愿意赌，那你从一开始就输了；但如果你愿意赌，一旦赢了，人生从此将与众不同。"

以大商王朝前任帝王的身份，对身边这些没见过世面、但有梦想的狱卒进行说教，是很有说服力的。

所以我们可以想象，一些狱卒对商至表示了效忠，并开始谋划如何越狱。

在无数个黑暗的夜晚，一些计谋悄悄地诞生了。

一旦破土而出，势必惊天动地，改变世界。

1815年2月26日，一个矮个子的科西嘉人，悄悄率领七百余人，在夜色的掩护下，登上几艘船，逃离了厄尔巴岛。

他就是法国皇帝拿破仑·波拿巴。

1814年，因为战争失败，他被迫退位，被流放到了厄尔巴岛，受到了严密的监视。

但是，他并不甘心被囚禁在这座孤岛上。

经过一番精心的策划，他挑选了七百多个忠诚的死士，逃过了监

视，走上了复辟的道路。

一路上，他就凭着他"拿破仑·波拿巴"这个名字，让所有前来阻击他的法国士兵，纷纷倒戈，成了愿意效力于他的士兵。

二十四天之后，他雄赳赳、气昂昂地回到了巴黎。这个时候，他那七百人的小队伍，已经发展成了十四万人的正规军和二十万人的志愿军。

3月20日，他重新登上帝位，开始了历史上有名的"百日王朝"。

拿破仑未必读过中国古代史，即使读过，他也未必听说过商至的故事。

如果他听过商至的故事，他一定会感叹：原来复辟这事，三千五百多年前，在古老的东方，就有一个帝王干过了，并且干得比我还漂亮！

某一个月黑风高的晚上，商至在流放地桐宫，带着一群死士，在夜色的掩护下，逃开了严密的监视，向帝都亳进发。

跟拿破仑一样，一路上，跟随他的死士越来越多。

终于，在抵达亳地的时候，他已经拥有了一支强大的军队。

他的军队向王宫发起了进攻。

在那座王宫里，睡着年老体衰的伊尹。

杀声震天中，伊尹从睡梦中醒来了。

"怎么回事？"

侍从告诉他，是商至发动政变，杀进宫来了。

然后伊尹笑了。

他熟读历史，商至政变，让他马上想起了夏启杀伯益、夏少康杀寒浞的故事。

历史总是如此相似。

此时的伊尹，太老了，都一百岁了，连跑的力气都没有了。

当然，看透形势的他，也不想跑了。

商至率兵跑了进来。

他看着眼前这个有点老年痴呆的老人，百感交集。

是这个老人，协助爷爷一手建立了大商王朝，没有他，就没有今天的大商王朝。

但也是这个老人，一手把他赶下帝王的宝座，让他在桐宫那个阴气森重的墓地，战战兢兢、提心吊胆地度过了七年时光。

他很感激这个老人，但也无比痛恨这个老人。

七年的时光，让他修炼成为一名成熟的政治家。

他不会给他的政敌任何反扑的机会了。

商至没有犹豫，他举起了剑，刺进了伊尹的胸膛。

天明了。

当大臣们习惯性地鱼贯走进王宫的时候，他们惊讶地发现，坐在那个高高的宝座上的人，不再是年老的伊尹，而是年轻的商至。

大臣们慌忙跪拜。

他们都明白，从此刻起，他们的主子，就是商至，并且是一个比七年前强大十倍的商至。

朝堂之上，商至并没有宣布伊尹篡位的罪状，而是对伊尹给予了高度的评价。

他以天子之礼，对伊尹进行了国葬。

并且，他不许史官记载伊尹篡位的这段历史，只许记载伊尹篡位前那段光荣的历史。

如此一来，在后世人心中，伊尹仍然是一代名相，并且是一个十分完美的名相。

很多人都认为这简直是一件不可思议的事：怎么可能对一个篡位的权臣施以如此厚恩呢？

如果你怀疑此事的真假，那我想跟你再讲一个近代的故事。

这个故事离我们相当近，它发生在一百六十多年前，有着翔实的史料记载。

1853 年，太平天国定都南京，洪秀全为天王，但实际权力尽数掌握在东王杨秀清手里。在很多的时候，洪秀全这个傀儡天王，必须听从杨秀清的制令。

1856 年 8 月，杨秀清不满于东王的头衔，他逼迫洪秀全封他为万岁。

洪秀全忍无可忍，9 月，他密令北王韦昌辉回师，包围东王府，把杨秀清一家老小统统杀掉，并且还杀了杨秀清部属两万余人。这就是震惊中外的"天京事变"。

对于杨秀清这种打算篡位的权臣，洪秀全后来并没有继续予以追责，反而撤销了杨秀清图谋篡位的罪名，为他平反昭雪，将杨秀清的死忌定为"东王升天节"。

商至、洪秀全之所以如此厚待伊尹、杨秀清，是因为他们知道，虽然伊尹、杨秀清死了，但其背后还有一支强大的政治力量。他们现在绝对不能得罪那支政治力量。

他们所做的一切，都是为了稳固政治地位。

他们都是成熟的政治家，他们知道要怎样才可以稳固自己的王权。

所以，对于某些帝王们某些怪异的行为，你不必惊讶。

伊尹有两个儿子，一个叫伊陟（zhì），一个叫伊奋。

出于稳定政治局面的考虑，商至不但没有对他们赶尽杀绝，反而让两兄弟平分了伊尹的封地和田宅。

这看起来很公平，其实隐藏着他的一个目的。

这个目的就是：削弱伊氏家族的势力。

按照夏朝的宗法制度，一定是伊氏的大儿子伊陟继承伊氏的宗主地位，并继承伊氏家族的绝大多数家产，小儿子伊奋只能继承极少部分的家产。

经过多年经营，伊氏家族已经是当时第一大政治势力。如果让伊陟继承伊氏家族绝大多数财产，那么，伊陟必将严重威胁根基尚不牢固的商至的统治。

让两兄弟平分家产，其实就是分裂强大的伊氏家族。

商至的目的达到了。

在商至执政期间，伊家两兄弟很老实，再也没有翻起什么波浪来。

但是，商至万万想不到的是，在他驾崩几十年后，他的孙子商伷（太戊），启用了伊陟担任首辅大臣。

伊氏家族重新登上了大商王朝最高的政治舞台。

鲜为人知的是，伊陟为相，是经过了一场精心策划的计谋才达成的。

第十八章
伊陟为相

两棵怪树，一场阴谋

商至复辟之后，勤政爱民，励精图治，大商王朝延续着伊尹执政的鼎盛局面。

商至驾崩后，儿子商绚（沃丁）与商辩（太庚）、孙子商高（小甲）相继继位。这三位都是守成之主，在位期间，继续秉承宽仁政策，社会稳定。

商高驾崩之后，国内形势发生了巨大的变化。

因为，大商王朝诞生了自建国以来的第一个昏君。

他就是商辩的儿子、商高的弟弟——商密（雍己）。

商密这哥们，其实也没什么大的毛病，就是不喜欢工作，只知道吃喝玩乐。

如果他一直当个诸侯国国君，也就罢了。偏偏不幸的是，他哥哥商高死了，帝王的位子就轮到他了。

坐上那个位子，无数双眼睛盯着他，他的一举一动都会被放大。

他的举动，被一些实力强大的诸侯看在了眼里。

这是一个机会。

什么机会？

重演历史的机会。

重演什么历史？

推翻商朝，自立为帝。

于是，一些诸侯开始对朝廷进行试探。

试探的最好方式，就是拒绝进贡。

如果是夏履癸，对于不进贡的诸侯，那就只有一个字：打。

打到你重新进贡为止。

但商密比夏履癸差多了，相比夏履癸的强硬，商密就是一个软蛋。

不进贡就不进贡呗，这耽误他吃喝玩乐吗？

不耽误。

既然不耽误，那商密就不理不睬，继续潇洒地过着他快乐的小日子。

商密这么一放纵，越来越多的诸侯开始不进贡，商朝的国力以坠机般的速度衰落了下去。

夏朝灭亡的原因是什么？

是夏履癸执政时间太久了，整整三十一年。

这么长时间一直实施暴政，就给到了商汤足够的时间来准备造反。

如果夏履癸是个短命鬼，比如执政个十到十五年左右，然后驾崩，这时上来一位新君，在关龙逢的辅佐下，实施德政，那商履是一点机会都没有。

商朝比夏朝幸运的地方，就在于，昏君商密是个短命鬼。

他在位只有短短的十二年，就挂掉了。

商密的死，没有给那些有野心的诸侯更多的机会。

因为，一位贤明之君继位了。

他就是商密的弟弟——商佃（zhòu）。

其实商佃刚刚即位的时候，也跟商密一样荒唐，不喜欢工作，只喜欢吃喝玩乐。

照这样下去，两代昏君一折腾，商朝不亡，简直是天理难容。

但庆幸的是，商佃有一个好宰相，名叫臣扈（hù）。

臣扈时时劝导商佃，要以夏桀为鉴，不然民心尽失，诸侯叛乱，国家就会灭亡。

商佃有没有听进去呢？

没有。

他还是照样不理朝政，吃喝玩乐。

商佃在位的第七年，出现了一件奇怪的事。

宫廷的庭院里长了两棵树，一棵是桑树，另一棵当然不是桑树，而是楮（chǔ）树。

这两棵树原本很正常，但在七天之内，忽然就变大了。

变得有多大呢？

要两个人合抱才能抱住。

商朝人都特别迷信，就认为这是两棵妖树。

这两棵妖树引起了很多大臣的恐慌，认为这是灾难降临的先兆，大商朝只怕在劫难逃。

商伷这下子给吓得不轻，灾难降临，他是帝王，第一个受到惩罚的，就必然是他。

他惶惶不可终日，把臣扈召来，叫他快点想办法解决这个事。

臣扈知道，时机到了。

年轻就是好骗，一股清澈的愚蠢。

听大臣的话，诚意感动上天啦！

他装作愁眉苦脸，说："这种怪异的事，我也不知道该怎么解决。"

商仙更急了，说："那怎么办呢？"

臣扈趁机说："有一个人，或许知道怎么解决。"

"这个人是谁？"

"他叫伊陟，是伊尹的儿子。"

自从商至让伊陟、伊奋两兄弟分家后，伊陟在政坛已经消失几十年了，现在已是个身衰体弱的老年人了。

这么多年下来，伊陟每天过着养鸟遛狗的生活，基本上是混吃等死。

但是在内心里，他还是希望有所作为。

他跟臣扈关系不错，两人经常谈到商密、商仙，感慨时政混乱，大商王朝危在旦夕。虽然自己老爹曾经篡位，但他还是不希望自己老爹协助成汤帝打下来的这大好江山，转眼就被某个诸侯夺走。

当他听到宫廷妖树的事后，忽然计上心来。

"要不咱们这样……"伊陟跟臣扈咬起耳朵来。

"可以可以。"臣扈点头答应。

臣扈向商仙推荐了伊陟，商仙才不管爷爷商至怎么禁用伊陟呢，现在妖树作怪，天将降大祸，先解决眼前这个事再说。

于是，在臣扈的陪同下，商仙亲自去拜访伊陟。

一见到伊陟，商仙忙不迭地就问："最近宫廷里出现了很怪异的现象，你听说了吗？"

"是不是两棵妖树的事？"

"没错。"

"那可能是大王你没有实施德政，所以才出现这种怪异的事。"

"那现在应该如何解决呢？"

"所谓'妖不胜德'，只要大王您能实施德政，这两棵妖树就不会作怪，上天也就不会降临灾难。"

之前，臣扈用各种道理劝谏商仙，商仙都不听；现在，他跟伊陟打配合，用妖树的事吓唬商伷，商伷这个被封建迷信毒害的青年，听了伊陟的话，下定决心重新做人，洗心革面，痛改前非，实施德政。

"德政"这个理念，曾经被伊尹发挥得淋漓尽致。毫无疑问，伊陟已经全盘继承他老爹的理念。所以如果要实施德政，非得请伊陟出山不可。

于是，商伷任命伊陟为中大夫，让他辅佐自己。

伊陟毫不犹豫地答应了。

伊陟制定了很多宽仁的政策，这些政策实施下来，果然收到了一定的效果。

接下来，伊陟与臣扈对这两棵所谓的妖树采取了某种人为的手段，两棵树慢慢地枯萎了。

伊陟与臣扈趁机大力宣传，正是因为商伷实施了德政，才使得这两棵妖树枯萎，说明上天都看到了商伷的诚意，被感动了，以后不会降临灾难了。

商伷这个年轻的君主，一看，真是啊！

商伷由此更加重视伊陟，在臣扈卸任之后，提拔他担任首辅大臣。

这还不算，商伷还让伊陟兼任祭司，让他享有与神灵沟通的权利。

自此，伊陟通过与臣扈联手进入了王朝核心权力圈。

有的人，不择手段获取权力的目的，是为了获得更多的利益。

有的人，不择手段获取权力的目的，是为了一展胸中抱负。

伊陟属于后一种人。

当他成为首辅大臣之后，暗暗发誓，一定要恢复老爹执政时大商王朝的辉煌！

伊陟具体的施政措施我就不列举了，只说结果。

结果就是，大商王朝再度恢复了强大的国力，原本很多脱离朝廷控制的诸侯，又纷纷回来，向朝廷进贡。据统计，重新进贡的诸侯，多达七十六个。

其中最著名的，就是东方的九夷部落联盟。

九夷部落联盟就是个墙头草，当商朝强盛的时候，就来归服；当商朝衰落下去的时候，就宣布脱离。

其实这也很好理解。

当你弱小的时候，你会发现整个世界都是你的敌人；当你强大的时候，你会发现整个世界都对你和颜悦色。

所以，我们必须永远自强不息，永远国家振兴。

这样，才能持久地保持我们的尊严与骄傲！

由于伊陟所立下的伟大功劳，商佀在祖庙祭祀的时候，没有把伊陟当臣子看待。

"大哥，从今而后，你就是我大哥啊！" 商佀诚恳地说。

伊陟吓出一身冷汗，连连谦让。

接下来，他写了一篇文章，叫《原命》，奉送给商佀。

《原命》原文已经失佚，所以我们不知道写了什么内容。

但是，文章呈送给商佀之后不久，伊陟就主动辞职，告老还乡了。

当一个帝王宣称不把你当臣子看待的时候，你就要知道，你已经功高盖主，应该主动退休了。

伊陟最后全身而退。

不得不说，伊陟真是一个拥有大智慧的人。

商朝六百多年，一共出了八个名相，商佀一朝，就有臣扈、伊陟、巫咸三大名相。

有了这三大名相辅佐，商佀在位七十五年，大商王朝迎来了史上最鼎盛的时期。

但是，跟很多伟大的帝王一样，商佀执政后期，也开始慵懒懈怠起来，导致整个朝廷上下奢侈腐败。

商朝历史上有名的九世之乱，就是在商佀后期埋下的祸根。

大商王朝，迎来了一次长达八十年的危机。

第十九章
九世之乱

这些年有点儿乱

◎

　　我在前面说过，由于伊尹的改革，商朝的继承制度，是"兄终弟及"制。

　　比如第一代帝王死了后，帝位传给儿子辈里的老大，老大再传给老二，老二再传给老三；要是没有老四的话，那老三就应该把帝位回传给他大哥的大儿子。如此循环。

　　这是一个公式，请大家牢牢记住。

　　如果商至没有被伊尹废掉的话，他死后，按理是应该把帝位传给弟弟的。

　　但是，商至后来是通过自己的力量实现了复辟，这相当于是重新创业，所以，他就向成汤帝学习，传位给了自己的大儿子商绚。这个是可以理解的。

　　商绚死后，遵循"兄终弟及"制，把帝位传给了二弟商辩。

　　商辩死后，本来应该传位给三弟的，但是，他很自私，擅自把帝位传给了自己的儿子商高。

　　从这个时候起，传统的兄终弟及继承制第一次遭到了破坏。王室成员之间起了纷争，这种纷争一旦扩大，很多的诸侯就会纷纷离心。

　　所以，在商高执政的时候，商朝就开始衰落了。

　　商密的荒淫无道，加剧了商朝的衰落。

　　好在及时出现了商佃这样一个雄才伟略的帝王，让商朝实现了伟大中兴。

　　但是，商佃也是一个自私的人，他把大商王朝打造得如此鼎盛，怎么也不舍得把这片江山交给自己的弟弟，于是，他擅自把帝位传给了儿子商庄（仲丁）。

　　这就引起了一连串的不满。

最不满的当然是商伷的弟弟们，然后商绚的儿子也发牢骚了。

按祖制，当商伷的弟弟们轮流当完帝王，接下来就要轮到商绚的儿子们来当。商伷这么一搞，此后帝位就在商伷这一脉里传承下去了，其他的帝脉压根就没有机会了。

于是，为了争夺权力，王室之间发生了激烈的纷争，甚至出现了小规模的战斗。

一时之间，大商王朝的帝都亳鸡飞狗跳，民不聊生。

商庄也知道这个帝位本来不应该属于他。但是他既然坐上了这个位子，就不想下来。

因为自己的威望不够，他根本无法应对目前这种纷乱的局面。

他给自己加强了警卫力量，因为说不定哪个叔叔或堂兄弟起兵造反，杀进宫来，那自己只能落得个掉脑袋或被放逐的悲惨地步。

他很担心，很害怕，很郁闷，很焦虑。

这样的日子，他一天都不想过了。

这时，一个亲信大臣给他出了个主意：迁都。

没错，就是迁都，离开这个乱成一锅粥的地方，跑到一个新的地方去清净清净。

商庄一听，这是个好主意啊。亳这个地方，就让你们占着好了，我换个地方，随你们在这里吵。

于是，即位没几个月，商庄就下令迁都到隞（áo，今河南省郑州市西北）。

迁到隞后，王室中其他的帝脉基本都留在了旧都亳，商庄总算耳根子清静了。

他在新都隞过了几年清静的日子，每天很开心。

但是就在第六年的时候，清静的日子被打破了。

虽然王室成员没有来打扰他了，但东南部的蓝夷打过来了。

蓝夷不属于九夷，严格上来说，是九夷分出去的别支。但一脉相承，蓝夷跟九夷一样，是个墙头草，你强壮的时候，他就装孙子；你不强

的时候，他就想当大爷。

自从迁了都，很明显，商朝又开始弱下去了。

蓝夷一看，夺取天下的机会到来了，于是，率军攻打隞。

但蓝夷很明显判断错了形势，此时的商朝，经过商伯几十年的经营，虽然表面上比之前弱了一些，但实力还是摆在那的。

因此，蓝夷的这次进攻，明显是吃力不讨好。商军反应过来时，对蓝夷展开了猛烈的反击。

蓝夷这次单方面行动，没有得到其他几个部落的支持，因此节节败退。

商庄胜利是胜利了，但他头一次经历这种比较大规模的战争，一惊一吓，身体就不行了，不久就驾崩了，在位仅仅九年。

商庄没有吸取教训，也想把帝位传给自己的儿子。

但是二弟商发（外壬）不干了，趁着商庄身体弱，仗着自己势力大，向商庄进行了逼宫。最后，商庄无奈之下，只好把帝位传给了商发。

商发还是比较聪明的，他一登基，就宣布：我一定会遵循传统的继承制，我死后，一定会把帝位传给弟弟。我说到做到，你们放心好了。

男人的嘴，骗人的鬼。

虽然商发是帝王，说过的话理应一言九鼎，但既然是帝王，那就有权力反悔。

谁知道您到时会不会心疼儿子，临时改变主意呢？所以，后面的几个弟弟就紧盯着商发，防止他随时改变主意。

商发虽然使出了浑身解数当上了帝王，但他没有多大的抱负，什么安邦定国、拓展疆土，全都不在他的计划之内。他就想在那个位子上清清静静地坐上几十年，然后寿终正寝。

但是，没有那么便宜的事。越是不想来事，就越是来事。

商发登基不久，忽然传来信报：姺（shēn）国（今山东省曹县北方）造反了。

姺国国君其实就是之前有莘国国君的后人。

自从商履娶了有莘国的公主之后，再加上伊尹也是有莘国人，商朝建立后，有莘国就变成了一个强大的诸侯国。

虽然商朝对姺国历来恩宠有加，但姺国国君也跟商履一样，有着极大的野心。

自从商朝跟蓝夷打了一仗，打得国库空虚，伤筋动骨，国力很明显地衰弱了下去。

姺国国君看到这种情形，就想当商履第二，二话没说，起兵就造反。

看到姺国国君起兵造反，另一个人沉不住气了，心想你造反我也造反，这商朝的天下我也有资格争一争。

那个人，是邳（pī）国国君。

邳国国君的祖上也是很有来头的，是仲虺，就是那个跟伊尹齐名的大商王朝的开国宰相。

因为这层关系，商朝历来对邳国也是照顾有加的。

你说别人造反也就罢了，偏偏是这两个跟商朝关系很亲密的诸侯造反，这造成的政治影响是极其恶劣的。

所有的人都会想，商朝已经众叛亲离了，看样子已经不行了，改朝换代的时候又到了。

大家都这么想了，势必会引起其他诸侯造反的连锁反应。

更可怕的是，此时的商朝经过迁都及上次与蓝夷一战，中央军力量严重地削弱，靠本身的力量，根本无法对抗姺国与邳国的左右夹击。

所以，此时的商发陷入了极度的郁闷：我怎么这么倒霉啊！原以为这个位子很舒服，没想到是个火山口。早知道这样，我当初就不着急上火地抢这个帝位了！

商发连忙向各诸侯国发出救援的旨意。

没有几个诸侯国愿意前来支援，大家都在看把戏。

除了一个。

这就是大彭国。

大彭国是东方强大的诸侯国，一直充当着商朝东方的屏障，对商朝也是忠心耿耿。

当商发发出救援旨意的时候，大彭国第一个站了出来，尽倾国内精锐部队，攻伐邳国与姺国。

经过十几年的战争，大彭国先后打败了两个造反的诸侯，逼迫他们重新向商朝进贡。

大彭国为商朝立下如此汗马功劳，按理说，应该得到商朝世世代代的恩宠。

但是，多年以后，武丁大帝商昭派兵攻打大彭国，把大彭国给灭了。

君子报仇，十年未晚。

大彭国的后人后来又重新崛起，在商朝末年，它怀着深仇大恨，加入了周国联盟，成了赫赫有名的"牧誓八国"之一，跟着周武王一道征伐商朝，最终报了当年被灭之仇。

一场持续多年的战争打下来，商发就没过过一天好日子了。

跟大哥商庄一样，商发也是个短命鬼，在担惊受怕当中在位十年，驾崩了。

不过，他还算是个讲诚信的人，当初说好要把帝位传给弟弟，临终了，一点不含糊，把帝位传给了弟弟商整（河亶甲）。

商整即位之后做的第一件事，就是迁都。

他把都城迁到了相（今河南省黄县境内）。

为什么又要迁都呢？

原因其实跟商庄一样，都城隞的王室内部天天争权夺利，搞得商整很烦。为了过几天清静日子，他索性也迁都了，让他们在隞闹去。

跟两个哥哥比较起来，商整强了不是一星半点。

他一即位，就郑重宣布，要打服那些叛乱的诸侯，恢复大商王朝昔日伟大的荣耀。

商庄和商发在位的时候，诸侯叛乱，商朝都是被迫迎战，很多时候都处于被动挨打的局面。

商整却很硬气，他要主动出击，从战略上占据主动。

看到商整如此有雄心壮志，一些诸侯国深受感动，主动请战，比如韦国。

韦国与大彭国组成了强大的联军，向那些叛乱的诸侯国发动了猛烈的进攻。

商发在位时，比较软弱，所以大彭国征讨邳国与姺国是比较吃力的，军事上没取得什么重大的进展。

现在，商整上任了，他的英明神武激发了大彭国的斗志，只用了三年时间，就把邳国给征服了。

征服邳国的胜利，给了商整巨大的信心。

这时，他的眼光投向了蓝夷。

就是那个趁着商朝衰弱，第一个发动叛乱的夷族部落。

当时，蓝夷叛乱，商庄被迫迎战，因为这是一场防御性的战争，所以，商庄并没有乘胜追击，打到蓝夷老巢去。

现在，商整决定给蓝夷一次狠狠的教训，告诉他们，你永远是小弟，小弟就要记住你小弟的身份，别企图翻身当老大。

在大彭国的协助下，商整直接打到了蓝夷的老巢，把蓝夷彻底征服。

姺国国君这时已经是孤家寡人，但他依然做着他那个商汤第二的美梦，不想投降。

于是，他跟班方国结成了军事联盟，共同反抗商朝。

经过对邳国与蓝夷的两次大战的胜利，此时商朝联盟军的实力前所未有地强大。

商整派大彭国、韦国组成联军，征讨班方国。

班方国是比较孬的，堪堪打了一个回合，立马投降。

这时，姺国国君就真正成了孤家寡人了，也没有其他诸侯愿意与他结盟了。所以，他也只好开城投降了。

投降的时候，他终于明白：不是每个人都能成为商履第二的，有那个实力，还得有那个命。

军事上接连的胜利，让商整声威大震。很多不进贡的诸侯，又胆战心惊地恢复了进贡。

枪杆子里出政权，这绝对是至理名言。

如果你不服，就打到你服为止。

遗憾的是，商整命还是太短。

连年累月的征伐，还要关注国计民生、应付权力斗争，诸多大事大大消耗了他的精力和体力。

执政九年之后，这位励精图治、雄才伟略的帝王，壮志未酬，含泪驾崩。

在我看来，商螯几乎是一个完美的帝王。

如果硬要说他有一个缺点的话，那就是自私。

没错，他没有遵循祖制，而是自私地把帝位传给了他的儿子商滕（祖乙）。

但其实这也能理解，哪个帝王愿意心甘情愿地把帝位传给别人？即使是自己的亲弟弟，那也是别人。只有亲生儿子，才是自己人。

商滕一即位，首先面对的就是叔叔们和堂兄们的挑衅。

因为这个位子，按继承制，应该是叔叔们的，叔叔们当完帝王过把瘾死了后，帝位应该传到商庄的儿子那里。现在他依靠老爹的力量上位，自知理亏，但又不想下来，所以整天闷闷不乐。

这时，一位大臣看透了他的心思，给他出了一个主意：您可以向几位先帝学习，迁都。

这位大臣的名字，叫巫贤，时为首辅大臣。巫贤的老爹，就是在商佃时期担任过首辅大臣的巫咸。

商滕早就有迁都的心思了，只是伯父和老爹都曾迁都，一个大一统的王朝如此折腾，怕不惹得臣工和人民的非议？

巫贤笑了，说："我有一个正当的理由，可以让他们闭嘴。"

什么理由？

巫贤的理由是：帝都相地处黄河下游，河水经常暴涨，每次暴涨之后，大量庄园都被冲毁。相处在这个极度危险的位置，万一哪天发了洪水，势必把相淹没。因此，为了防患于未然，必须迁都，迁到一个很安全的地方去。

这个理由实在是太完美了！

商滕在朝堂上一公布出来，没有任何人反对。

毕竟，比起身家性命来，迁一次都根本不是什么大事。

于是，商滕把都城迁到了耿。耿在今天的山西省河津市。之前商朝的都城都在河南省内，这一次，是彻底搬离了河南。

从后来的结果来看，很明显，商滕和巫贤没有对耿做实地考察，迁到耿是一个拍脑袋的决定。

因为耿这个地方比相还不安全。

刚搬来不到一年，黄河水泛滥，冲进了耿城里。

趁着大水还没有把耿淹没，商滕忙不迭地再次迁都。

这一次，迁到了更远的邢（今河北省邢台市）。

商滕带着一帮大臣迁到了邢，却把弟弟祖丙留在了耿，并很大方地任命祖丙为耿国国君，还分了一些大臣跟着祖丙，叫祖丙好好建设旧都家园。

商滕之所以这样做，是基于他的一个私心。

他的那点小心思，很容易猜出来，就是他将来想把帝位传给儿子商旦（祖辛），现在让弟弟祖丙当耿国国君（好歹耿也曾是商朝帝都），暗示他以后别来跟商旦抢帝位。

祖丙很不爽。但哥哥现在是帝王，君命不可违，只好无奈地接受。

把都城和帝储的事搞定后，商滕开始展现出了比老爹商整更伟岸的雄才大略。

他比老爹更有优势的地方在于，他有一个具有卓越才华的宰相巫贤辅佐自己。

巫咸是商伷三大名相之一，辅佐商伷开创了大商王朝又一个盛世。而巫贤之才，不在乃父之下。

短短两年间，两次迁都，这种折腾绝对是前无古人后无来者。折腾的后果，就是忽略了发展国计民生。

在巫贤的主持下，中央政府大力发展农业和手工业，甚至还开始发展商业贸易。这就大大刺激了经济的发展。全国各地的老百姓比起以前来，最少可以吃饱肚子了。光这一点，就让全国人民对这一届官府无比信任和支持。

过了几年，国力慢慢恢复了，军事力量也逐渐强大起来了，商滕开始把眼光投向了一些躁动不安的诸侯国。

商整在位期间，曾把蓝夷和班方两个诸侯国打得服服帖帖，重新进贡。

但商滕一即位，因为迁都的事儿，搞得国力疲惫，这俩诸侯又起了歪心思，再度宣布停止向朝廷进贡。

同时拒绝进贡的，还有西北方的鬼方国。

商滕很愤怒：怎么地，我老爹一死，你们就想造反了，欺负我是吧？我叫你见识见识什么叫帝王之怒。

帝王之怒果然很厉害，他召集起多个实力强大的诸侯，组建起联盟军队，先后向鬼方国、蓝夷国、班方国发起征讨。

经过几年的东征西讨，这三个诸侯国被打服了，只得重新俯首称臣，向朝廷进贡。

在商滕的执政之下，大商王朝再次实现了伟大的中兴，直追当年的商伷时期。

商滕由此被后世誉为商朝"三示"之一。

三示者，太甲商至、太戊商伷、祖乙商滕也。

而辅佐商滕的宰相巫贤，也跻身商朝六百年八大名相之一，与他老爹巫咸齐名。

明君贤相，相得益彰，是每个人向往、羡慕的政治局面。

幸哉商滕！幸哉巫贤！幸哉大商王朝！

在商滕执政后期，他又干了一件年轻时候特别喜欢干的事：迁都。

原因是，帝都邢又遭遇了水灾。

看来，商滕这辈子都是水命啊，他名字"滕"里的水就特别多。

这一次，他把帝城迁到了庇（今山东省郓城县）。

完成了三连迁的商滕，执政十九年，带着满足，含笑而逝。

跟商滕比起来，儿子商旦的确是个平庸之主，一辈子没干过什么大事。

当然，我们也可以称他为守成之主。

他平平淡淡地过了十四年，人挺好，按祖制，把帝位传给了弟弟商逾（沃甲）。

商逾也是个平庸之主，并且还是个短命鬼，在宝座上只坐了五年，就驾崩了。

商逾人也挺好，因为没有弟弟了，遵祖制，就把帝位回传给了商且的儿子商新（祖丁）。

商新执政九年，接下来，传统的继承制再次遭到了破坏。

按祖制，商新死后应该把帝位传给他弟弟；如果他没有弟弟的话，就应该把帝位传给祖辛的儿子。

但这时，商逾的儿子商更（南庚）发动了政变，夺取了帝位。

商更夺取帝位后，王室成员纷纷不满，都起来反抗他。

他一看不妙，不想成天在庇跟那帮亲戚争吵，为了耳根子清静，他就开始迁都。

这次，都城迁到了奄（今山东省曲阜市）。

商更在位六年，只干了一件事，就是讨伐杞龙戎，胜了。

按祖制，死后的商更应该把帝位传给弟弟；如果他没有弟弟的话，就应该把帝位传给……不好意思，我这时已经完全给绕晕了，请原谅，我也无法判断应该传给谁。

这个时候，其实很多人都有继承帝位的资格。

但最后继承商更帝位的，是商新的儿子商和（阳甲）。

很明显，这期间势必又经过了一番惊心动魄的权力角逐。

商和也是个打酱油的帝王，在他执政四年的时间里，征伐过丹山戎，这是他唯一的业绩。

自商且以来，这三十八年时间里，王室之间为了争夺权力，弄得国力衰退，百姓叫苦连天。

那一帮骑墙草诸侯，基本上不来进贡了。中央政府也拿他们没办法。

九世之乱，历经八十年，到了商和，昔日的大商王朝，已日薄西山，彻底衰落下去了。

到了这个时候，历史只有两个路向：一个是，诞生一个像商履那样雄才伟略的诸侯，推翻商朝的统治，改朝换代；另一个则是，诞生一个像商至、商仙、商滕那样雄才伟略的帝王，中兴王朝。

历史最终选择的是第二个路向。

于是，商朝一个划时代的明君——商旬（盘庚）诞生了。

第二十章

商甸迁殷

迁都到哪儿，我说了算

在商朝六百多年历史上，盘庚的知名度仅次于成汤帝和纣王——哦，不对，仅次于纣王和成汤帝。

知名度排名第一的暴君纣王，在我们初中历史教材上就大书特书，尤其是经过《封神演义》的宣传，可以说妇孺皆知。

成汤帝是商朝开国帝王，一代圣雄之主，因此知名度也不低。

至于盘庚这哥们，知名度之所以在商朝三十个帝王（如果加上伊尹，就是三十一个）里能排名第三，完全是因为他迁都。

迁都对商朝来说是一个常态化事件，不足为奇。九世之乱八十年间，爱折腾的商帝们出于种种目的，先后迁了六次都——隞、相、耿、邢、庇、奄。

但那六次迁都的意义，都比不上盘庚迁都。

商和死后，把帝位传给了弟弟商旬。

这个时候的商朝已经江河日下。商旬是很有志气的，他即位后，发誓要复兴商朝，像商佃一样，做一名中兴之主。

在前面几个迁都的先帝里，老实说，商旬最瞧不起的，就是叔叔商更。

因为商更居然把都城迁到了奄那个鸟不拉屎的地方。

奄就是山东曲阜，在后面西周的时候是鲁国的都城，是一座人口密集、繁荣昌盛的大都市。但是在商更那个年代，奄就是一个人烟稀少的偏僻所在。

把堂堂一个大商王朝的帝都建立在那旮旯，很明显，商更是不思进取，只想当一个偏居一隅的小国王。

现在，商旬既然想复兴商朝，那就得再次迁都，并且迁到中原地带去，如此才能像那些伟大的祖先一样，强有力地掌控整个王朝。

想来想去，商旬决定把都城迁回到商朝的开国都城——亳。

亳，见证了大商王朝前期两百多年的辉煌。

亳无疑问，只有亳，才有资格成为大商王朝真正的帝都。

再迁，就是第七次迁都了，所有人都坚决反对。

原因只有一个：累了。

的确，太累了。

就那么三十多年时间，迁了六次都，太折腾人了，身体累，心也累。现在，大伙儿就想在奄这个小地方，安安稳稳过小日子。

如果要迁回亳，我们拿地图看一下，从山东曲阜到河南商丘，航空距离 200 多公里，其间要跨过黄河。那些王公贵族，贪污了那么多金银财宝，要携着那么多的辎重跋山涉水去亳，真是要命啊！

但是商旬意志很坚定，无论如何都要迁。

对付老百姓，商旬就装模作样搞祭祀，在祭祀仪式上，他宣称迁都是天命。老百姓都讲迷信，一听是天命，不敢违背。

但是那些王公大臣可不是那么好糊弄的，很嚣张，找了各种借口、耍了各种手段来抵制。

商旬对付这些人，就不搞装模作样那一套了，直接威胁加恐吓，对于那些特别顽固的分子，直接砍脑袋。

这个很见效，很快，迁都的决议就获得了一致通过。

中央政府离开亳已经八十多年了，现在的亳，也没什么专人在打理，破破烂烂的。

大伙儿开始重建亳。

在亳住了几年，有一天，商旬脑袋一拍，说亳这个地方做帝都还是不行，还得再迁都。

他决定迁到殷。

他特意派人去殷做过几次考察，发现殷土肥水美，特别适合发展农业、林业、渔业、畜牧业，在国防上也有很大的优势，地处中原核心地带，可以号令天下，更有效地掌控国家。

殷就在今河南省安阳市小屯村，离亳很远，航空距离有三百多公里，比从奄跨省到亳还要远一百公里。

对于商旬的拍脑袋行为，所有人都疯了。

想当年，商滕之所以迁完第一次都后紧接着第二年又迁到邢，是因为发大水的原因，如果不走，人都要给淹死了。

现在，也没发大水，也没其他什么自然灾害，夷族也没来攻打，好不容易在亳定居下来，这才几年，你就又要迁。你这是闲得慌吗？还真以为迁都是一次说走就走的简易旅行啊！像上次从奄迁到亳，所有王公大臣以及百万子民，扶老携幼，渡过黄河，行程两百多公里，这是一项多大的工程啊。现在倒好，你一句话，说迁又要迁，你为啥要这么折腾啊？

所以，这一次，商旬的动议，理所当然遭到了上上下下所有人的坚决反对。

打死也不迁了！

但商旬根本不跟你多啰唆，他还是照搬了上次在奄的那一套，用天命来忽悠老百姓，用杀戮来对付王公大臣。

所有人在商旬的淫威下，再次屈服了。

不得不说，商旬是一个任性的独裁者。

公元前1300年，正式迁都殷。

打从这次迁都后，此后的一百五十多年里，商朝一直都是以殷为帝都。

后世人甚至称商朝为殷朝，由此可见，商旬这次迁都的意义和影响有多么重大。

所以商旬为什么如此知名呢？给人的感觉，好像他是殷朝的开国君主似的。

迁到殷之后，商旬跟之前所有的明君做了一些同样的事，就是大力发展农业、渔业、林业、手工业、畜牧业，同时大力发展军事，巩固国防。

由此，大商王朝再次走在了复兴的道路上。

请注意我的用词，我说的是"走在了复兴的道路上"，并没有说迎来了伟大的复兴。

这两者之间，还是差着五万四千里的。

我们仔细梳理商朝历代的帝位传承，发现了一个规律：但凡为国家做出了突出贡献的雄主，比如商至、商伷、商整、商滕，都大胆地把帝位传给了亲生儿子，这个时候很少遭到王室的反对；而其他没做出什么业绩的庸主，只能把帝位传给弟弟，或者传给大哥的儿子，否则必然遭到王室成员的强烈抵制，比如商辩这个庸主，擅自把帝位传给自己的儿子商高，全体王室成员都不服。

商旬死后，把帝位传给了弟弟商颂（小辛）。

这说明了什么？

这说明，在当时的王室成员看来，商旬迁殷这事，根本算不得什么赫赫业绩，他做出的那些恢复国力的事，跟之前那些雄主们相比，根本不值一提，因此，他必须遵祖制，把帝位传给弟弟，不能传给儿子。

商旬对此也认了，从内心里，他的确也认为自己无法跟那些伟大的先祖们相比。

当然，比起前面那几个庸主来说，他好的不是一星半点。毕竟，现在商朝开始走了复兴之路上。

他相信，弟弟商颂只要按照他的政策执行下去，大商王朝实现伟大的复兴，那是迟早的事。

可惜的是，商颂让他失望了。

商颂同学有点叛逆，但凡商旬实施的每个政策，他都要反着来。

比如，商旬大力发展国计民生，商颂同学就只顾花天酒地；商旬大力加强国防，注意维护与诸侯国的关系，商颂同学压根对国防与外交不感兴趣。

时间一久，老百姓又没好日子过了，在商旬时期好不容易稍微恢复进贡的诸侯，明目张胆又不来进贡了。

老百姓心中有杆秤，谁给饭吃，就记着谁的恩情。

那时在朝野流行一篇文章，叫《盘庚》，对商旬进行了歌颂。

这篇文章虽然是贵族写的，但我认为，它代表了最广大劳动人民的心声。

一个对老百姓好的帝王，是值得人民尊重的。

要是商颂同学跟商更、商和这些庸主一样，是个短命鬼也还罢了，但他偏偏活得很久，在位长达二十一年。

二十一年的时间，足够让一个还没怎么恢复过来的国家，迅速衰落。

商颂驾崩后，弟弟商敛（小乙）继位。

商敛稍微比商颂好点儿。他在位二十八年，主要干了两件事：一件事就是征伐蓝夷国和鬼方国，另一件事就是规范了商朝的祭祀制度。

整体来说，他还是很平庸的。

在他的统治下，商朝国力继续衰弱。

经过两任帝王长达半个世纪的折腾，人民在呼唤：上天啊，拜托你降临一位真正的明君下来吧！

这一次，上天听到了人民的呼声，并露出了微笑。

商朝六百多年历史上最伟大的帝王——商昭（武丁），来到了我们面前。

第二十一章

傅说辅政

一个囚犯的绝地逆袭

◉

商敛这辈子在事业上没做出什么成就，但在家庭教育上，他无疑是一名十分称职的父亲。

有一些在大城市经济条件不错的人，看到自家孩子整天游手好闲，好吃懒做，不思进取，于是就把孩子送到农村老家去，让孩子受点小苦，锻炼锻炼。还真别说，这一套还是挺管用的，很多小孩到农村接受贫下中农的再教育之后，回来家务活也肯做了，学习劲头也足了，对父母也体恤了。

历来帝王和贵族对自己的子女，绝对是捧在手心里怕摔了，含在嘴里怕化了，把他们当成温室的花朵来培养。他们是绝对不会允许子女去跟平民和奴隶接触的。

虽然没有史料记载商敛年轻时候的经历，但他应该有过下乡转悠的经历。否则很难解释他在位期间对儿子一反传统的教育方式。

商敛认为，很有必要让自己的儿子从小吃点苦，这样长大了才有出息。

于是，他把儿子商昭送到农村去耕地放牛了。

这在中国帝王史上，绝对是一件具有开创性的大事。

少年商昭就这样来到了农村。

他跟老百姓一起吃住，一起劳作，一起早出晚归。

我们可以想象一个场景：少年商昭穿着一身打着补丁的粗布衣服，戴着一顶破草帽，赤着脚，肩头扛着一把锄头，来到了田埂上。然后他和一帮成年人，一起在田间挖土，太阳很毒辣，他挥动着锄头，汗流浃背。此时的商昭，跟一个普通的农村少年没有任何的区别。

百姓们（包括奴隶和平民）每天的劳作时间应该超过十个小时，辛苦点也就算了，但问题是，到了收成的时候，奴隶所有的粮食都交给了奴隶主和政府，自己一点粮食都不能留下来，而平民只能留下一点点粮食，仅够基本的生存。

如果碰到收成不好的年份，许多平民就得砸锅卖铁，甚至卖儿卖女，或者把自己也给卖了，此后世世代代当奴隶，永远不得翻身。

在这个过程中，许许多多的人间悲剧都在发生。

商昭每天跟老百姓一起生活和劳作，听到了很多人间悲剧，也目睹了很多人间悲剧。

自小衣食无忧的他，体会到了民间如此之疾苦后，他的心性很快就成熟起来。

他暗暗发誓，如果有朝一日，自己能即位称帝，一定施以德政，让老百姓过上有饱饭吃、有暖衣穿的好日子。

商敛给了商昭贫民教育，当然也不会忘记给商昭贵族教育。

他在黄河边上开了一所家庭学校，聘请了当时知识渊博、品德高尚的甘盘，来当商昭的老师。

甘盘深知责任重大，对商昭进行了严格的教学训练。

当然商昭也很听话，人又聪明，学习能力很强，每次考试都得一百分，是典型的高智商的学霸。

商敛做的这一切，都是为了培养一个优秀的儿子来继承他的帝位。

他知道自己能力平庸，所以他把振兴大商王朝的希望，全部寄托在儿子身上。

其实按照祖制来说，商敛死后，继承他帝位的候选人，要么是他弟弟，要么就是大哥商和的大儿子。

只是作为父亲，他私心也很重。虽然他三个哥哥商和、商旬、商颂在传位上都做出了表率，但他就是不甘心把帝位让给别人。

他运用了乾坤大腾挪之术，硬生生把帝位传给了儿子商昭。

当然我们完全可以想象在这个过程中，王室成员之间又出现了多少的刀光剑影。

但是商昭笑到了最后。

商昭即位后，并没有像我们想象中那样，新官上任三把火，雷厉风行地进行改革。

相反，他什么也没做，整天也是吃喝玩乐，所有大事都交给大臣去办理。

这一玩，就是三年。

很明显，商昭已经在昏君的道路上一路狂奔。

所有人都很失望：这不是我们期待中的君王。

商和的儿子们就更气愤了：把王朝交给这样的昏君，也真是倒了血霉了！要是我们上台，一定励精图治。

老师甘盘也是唉声叹气：商昭这孩子，以前在学校念书的时候，学习成绩很好，的确是具备了当明君的潜质啊！怎么一即位，就像变了个人似的，堕落到如此地步！

三年后，有心腹大臣好意劝谏商昭。

结果你猜商昭说什么？

商昭叹了口气，说："不是我不想励精图治，是朝廷上下就没有一个好的人才给我用啊！"

这位心腹大臣一听，老尴尬了。

"怎么，我不是好的人才吗？"

"你是人才，但是离我心中人才的标准，还差得很远。"

其实这三年来，商昭吃喝玩乐只是做出来的假象。

少年时在田间劳作的时候，他就立下宏志，将来要恢复大商王朝曾经伟大的盛世，让大商王朝变得从所未有地强大。

但是，光有这种心气，根本不行，最重要的是，要有顶级宰相的辅佐。

不是一般的宰相，必须是顶级的宰相。

这个时候的首辅大臣，是商昭的老师甘盘。

在历史上，有很多的东宫太子，一即位，第一件事，就是任命自己的老师为首辅大臣，因为他相信老师治国的能力。

这个时候的商昭，虽然很年轻，一旦坐在帝王的位子上，他的高度和眼光就不同了。他清醒地意识到，老师甘盘虽然品德高尚，理论知识过硬，却并不是一个顶级的治国宰相。

用一个公式表示，就是：品德＋知识≠能力。

在商昭的心里，顶级宰相的最高标准，就是伊尹那样的千古名相，既精通理论知识，又长于谋略，拥有吞吐宇宙的大才。

只有这种顶级的宰相，才能辅佐他中兴大商王朝。

老实说，这样的人，基本上是一百年才出一个。上次这样的顶级宰相，还是商滕时代的巫贤。

至少在目前看来，商朝排名第一的名相，是伊尹。

伊尹是什么出身？

厨子加奴隶。

如果按照这个思路的话，真正顶级的人才，其实是在民间。

而商昭本身也在民间待过很多年。

因此，商昭决定到民间去找顶级人才。

所谓心想事成，心诚则灵，还真给他找到了。

这个人，名叫傅说（yuè）。

傅说是什么身份呢？

囚犯。

话说商昭每天想着找顶级人才来当宰辅，日有所思夜有所梦。某一个晚上，就梦见一个身着囚服的人，自称姓傅名说，说自己虽然现在是个囚徒，但拥有一身绝顶的才华，一定能辅佐大王您中兴天下。

商昭一觉醒来，很兴奋，连忙叫来宫廷画师，根据梦中那个形象，画了张像，然后印发了大量的单子，全国范围内派发宣传，立定要找到这个人。

这个故事一听就是扯淡，跟周文王梦见一只飞熊来咬自己，醒来后立马出城找到了姜子牙一样。

事实上，商昭在民间的时候，就跟傅说有过一面之缘，并且相谈甚欢，从那个时候起，商昭便牢牢记住了傅说。

那他为什么要扯谎说傅说是自己在梦中见到的呢？

只有一个目的，就是增加傅说这个贤才的宗教性和神秘性，让所有人都认为，傅说是老天授给商昭的，为傅说的出山做好铺垫。

这个傅说，就是个书呆子，一门心思只知道读书，不擅长生计，穷困潦倒。最后实在穷得没米下锅了，打听到监狱是个有饭吃的地方，一咬牙，就去干了件坏事，结果如愿被抓到监狱里。

我们在初中的时候，学过一篇小说，叫《警察与赞美诗》，是美国作家欧·亨利写的。

在小说中，穷困潦倒的流浪汉苏比，因为冬天要来了，就想到监狱去过冬。于是，他就故意犯罪，去饭店吃霸王餐，扰乱治安，偷伞，调戏妇女。令他郁闷的是，这些坏事都没有让他如愿进监狱。最后，他在教堂外边听了一首赞美诗，忽然良心发现，决定从此改邪归正，

初来……初来乍到，我是来这……蹭饭吃的。

当一个好人。正在这时，一个警察走了过来，毫无理由地把他抓起来。最后，他被判了三个月监禁。在监狱里，他有吃有喝，还有暖和的被子，安然度过了那个寒冷的冬天。

完全可以说，傅说就是古代的那个苏比。

傅说所在的监狱，位于傅岩（今山西省平陆县东）。

别以为进了监狱，就可以每天躺尸一样躺在那里，到点了就有饭有酒送过来，把你养成一只肥猪。

如果真是那样，那监狱就是人间天堂了，所有人都不用干活，全进监狱待着养老好了。

但凡有点常识的人都知道，囚徒每天是要干活才有饭吃的。

那傅说要干什么活呢？

答案是修路。

傅岩有一条交通要道，因为大水泛滥，冲垮了道路，所以需要大量的囚犯来修路。

这是一个体力重活，对于傅说这样一个手无缚鸡之力的读书人来说，无疑是一个苦差事。

但没法子呀，为了有口饭吃，活下去，不得不硬着头皮干活。并且干活的时候，脚上还戴着锁链，防止逃走。

我们在电视里经常看到，古时候那些差役对待干活的囚犯，都是鞭子伺候。动作稍微慢了点儿，皮鞭就挥上来了，一鞭就是一条带血的印记。

在商朝那个万恶的奴隶社会，差役是不会把囚徒当人看的。所以，傅说的牢狱生活，跟地狱应该没什么区别。

估计他已经一万个后悔了：早知道牢饭这么不好吃，还不如去加入丐帮，虽然会经常饿肚子，但最少不会天天挨鞭子。

此时的傅说，经过长时间沉重的体力劳动，应该变成一具行尸走肉了。

但是，有那么一天，命运向他露出了微笑。

商昭居然派人来找他了。

当来使确定眼前这个瘦骨伶仃的囚徒就是傅说时，连忙把他请到驿站，沐浴，更衣，然后让他饱餐一顿，最后请他乘坐宝马，一路来到了帝都殷。

估计一路上，傅说一直都感觉是在做梦。

但这个梦却又是如此的真实。

商昭亲自接待了傅说，然后跟他深聊，聊的话题肯定不是怎么修路，而是治国大道。

聊完之后，商昭认为傅说的确有那经天纬地之才，大喜道：先生，你就是我要找的伊尹式的宰相啊！

当然，商昭虽然认为傅说有宰相之才，但并没有马上任命他当宰相，而是先让他当中大夫，先观察观察再说，看看他是不是光会耍嘴皮子忽悠人。

之前商伐刚遇到伊陟的时候，也是先让他当中大夫。

高明的领导，总会高明地用人。

对于商昭的知遇之恩，傅说的感激是如长江之水滔滔不绝，又如黄河之泛滥一发而不可收。

他发誓，要用自己的生命来辅佐商昭。

他做事雷厉风行，性格也是比较泼辣，敢于直言诤谏。

这种性格有点像唐朝的魏徵（zhēng），反正是有啥说啥，看得惯看不惯都要提意见，往往还弄得主子下不来台。

真正伟大的帝王，虽然不一定喜欢这样的诤臣，但一定对其很欣赏。

李世民不喜欢魏徵，但很欣赏他；商昭不仅欣赏傅说，还很喜欢他，把他当兄弟，当老师。

在傅说的奏章里，经常有一些金句，商昭往往会把这些金句反复背诵。

傅说最有名的一句金句就是："知之非艰，行之惟艰。"翻译一下，就是懂得道理不难，但实际做起来是很难的。

商昭直接把这句话当成了自己的座右铭。

经过一段时间的考察，商昭确信傅说能担当起首辅大臣的重任，于是撤了老师甘盘的职，任命他为首辅大臣。

在傅说这个超级宰相的辅佐下，商昭大力发展生产力，改善国计民生，改革落后的军事制度。

经过几十年的经营，大商王朝真正意义上迎来了一个伟大的复兴。

这种复兴的局面，比太戊中兴更加鼎盛。

傅说之所以能够超越之前所有的商朝宰相，甚至某种程度上超越了伊尹，不仅仅是因为他辅佐商昭实现了王朝的伟大复兴，更重要的是，他通过很多的奏章和文章，集中表达了他深邃的治国理念，这些理念深刻地影响着后来所有的王朝。

有兴趣的朋友，可以去看看《尚书·说命》，里面详细地记录了傅说的治国思想。

傅说因为辉煌的执政业绩和深刻的治国思想，被誉为中国第一个思想圣人。

直到一千多年后，中国才诞生了另外一位伟大的思想圣人——孔子。

当然，对于当代很多人来说，可能连傅说这个名字都没有听说过。那是因为年代久远，关于傅说的资料很分散，更重要的是，我们对傅说的宣传很不够。

如果我们从此时就大力宣传傅说，像宣传孔子那样宣传傅说，那么，一千年以后，傅说就有可能跟孔子双星并列，成为我们每一代人的思想导师。

宣传傅说，从我做起。

商昭和傅说，都是那个时代伟大的军事家。

军事家分两种，一种是战略军事家，一种是战术军事家。

所谓战略军事家，一般来说，是不需要上战场的，他只需要指明，今天该打哪里，明天该打哪里，为什么打这里比打那里更好。比如毛泽东同志，就是一个典型的战略军事家，一辈子连枪都很少拿，但他统揽全局，指挥着手下的元帅、大将，打了一场场胜仗，最终解放全中国，建立了一个伟大的共和国。

所谓战术军事家，一般来说，他得站在战场最前线，随时根据战场的变化，制定灵活多变的战术，以保证打胜仗。比如彭德怀元帅，亲自指挥了百团大战、抗美援朝战争，无不取得了辉煌的胜利。

商昭和傅说，一个帝王，一个宰相，他们是统揽全局的战略军事家，当然不可能亲自上战场去打仗。

所以，商昭要收复疆土，继而扩大疆土，就需要很多骁勇善战的将军，在他的军事战略思想指导下，去干具体的活。

那些个干具体活的人，其中最厉害的一个，名叫妇好。

令人震惊的是，这个妇好，是商昭的王后。

中国历史上第一位屡战屡胜的女将军，横空出世！

第二十二章

妇好卫国

是王后，也是将军

◎

　　在《红楼梦》第七十八回，贾宝玉写了一首《姽婳（guǐ huà）词》，描写了林四娘为恒王复仇抗击流寇的故事。

　　有一年，恒王去山东镇压流寇，不幸阵亡。他的妃子林四娘又悲又痛，决意为恒王复仇，率领着恒王府一帮女孩子，穿上甲胄，拿着兵器，跨上战马，就去跟流寇拼杀。最后当然是寡不敌众，战死沙场。朝廷后来封林四娘为姽婳将军。

　　这个故事是虚构的，但其实它是有现实原型的。林四娘是一个真实的人物，据说是明末衡王的妃子。衡王抵抗清军，壮烈牺牲。林四娘拉起一支女兵队伍就去报仇，最后当然是被清军无情杀害。

　　我曾经见过一些所谓红学家对林四娘的评论，说她是为维护腐朽的统治阶级的利益，帮助恒王镇压正义的农民起义，不仅不应该歌颂，还应该加以批判。

　　我认为，这是我见过的最无耻的评论之一。

　　在我看来，无论是文学作品里的林四娘，还是现实中的林四娘，当她脱下红装，换上武装，义无反顾地杀向敌人的时候，她就是一名巾帼女英雄。

　　无论她是为了爱人，还是为了国家。

　　跟林四娘一样，妇好刚开始的身份，是商昭的妃子。

　　商昭有六十多个妃子，但妇好是他最宠爱的妃子。

　　当他第一任王后去世后，他就把妇好扶正。

　　商昭之所以如此宠爱妇好，绝不是因为她有倾国倾城貌，而是她拥有着气吞万里如虎的军事才华。

　　那现在问题来了：一个王后是怎么拥有了一身军事才华的呢？

　　这是由那个特定的年代决定的。

　　那时的诸侯国都有一种尚武的精神，上至君王，下至臣民，都喜欢耍刀弄枪。

这样一种氛围，自然影响到了公主。

妇好，是商方国的公主。她肯定是从本国一些将军那里学到了不少带兵打仗的经验。

话说商昭在傅说的辅佐下，首先改革了吏制，然后积极发展国内经济，短短几年，粮仓也满了，兜里也有钱了，老百姓吃喝都不愁了。

经济基础决定上层建筑。有了强大的经济基础打底，就可以考虑恢复疆土、扩大疆土了。

于是，商昭决定起兵征讨那些脱离商朝控制的诸侯国。

通常来说，带兵打仗都是男人的事，商昭手下也不缺能征惯战的男性将军。

男性将军打了好几场胜仗，兵锋正盛。

但有一年夏天，北方边境发生了战争，商军迟迟没有把敌人拿下，战争陷入了胶着状态。

商昭和傅说开会，每天开到深夜，商讨派哪员大将前去增援。

这个时候，妇好站了出来，向商昭主动请缨出战。

商昭很蒙。

虽然他也知道妇好有一定的军事理论修养，但打仗可不是儿戏，那是真刀真枪地干，你一个妇道人家，看了几本军事理论破书，就敢上战场打仗，这不是笑话吗？

所以，商昭坚决地拒绝了妇好的请战要求。

但妇好是那种不撞南墙不回头的人，性子比较偏，就缠上商昭了，非要去打仗不可。

她要去打仗，绝不是任性好玩，也不是一时的冲动，而是出于王后那种为国为民的情怀，也是基于对自己军事才华的自信。

商昭终于被妇好的说辞和勇气打动了。但是，他是一个极其谨慎的人，仍然不敢下最后的决心。

"大王，如果您实在不能下决心，那就占卜问天吧。"妇好说。

在那个年代，大凡要决定一件大事，通常的流程，一定是要占卜问天。

商昭心想，也只好这样了，行不行，老天来决定。

于是，商昭在郊外举行了一场隆重的祭祀活动。

这次祭祀活动的主持人——也就是祭司，就是妇好。

你没看错，就是妇好。

作为王后，她掌握了国家最高的宗教权力：祭祀。

大凡掌管祭祀的人，便享有跟上天对话的权利。祭司说出来的话，就是代表上天的意志。连帝王也要听祭司的话。

商伯就曾把祭司这个职位给到了伊陟，所以可以想象，伊陟在当时作为首辅兼祭司，权力是多么可怕。

妇好亲自主持这次祭祀，向天询问可否派妇好带兵去增援北方战争。

结果当然是没有任何悬念的。

即使真有个老天爷，即使老天爷不允许妇好带兵出征，妇好装模作样祭祀完之后，也会说：老天爷说了，派妇好出征，上上大吉。

于是，在所有臣工的见证下，妇好得到了上天同意出兵的旨意。

商昭也没办法，只好下令，派妇好率兵出征，支援北方边境的战争。

妇好第一次率兵出征，她没有辜负商昭的期望，战而胜之。

就这样，妇好一战成名。

商昭很激动。

这个王后，原本娶过来的目的，一是加强与商方国的政治联盟，二是给自己传宗接代。无论如何想不到，还能带兵打仗，且还能打胜仗。

在那一刻，他最感谢的，一定是他那个丈母娘。

他有六十多个丈母娘，但是商方国的那个丈母娘，是他最想感谢的。

商昭见识到了妇好的军事才华之后，对妇好就更加信任了。

自此以后，但凡开仗，商昭都委任妇好为总司令，率领军队去征服那些不听话的诸侯国。

妇好越战越勇，十几年下来，她亲自征服了二十多个诸侯国。

这二十多个诸侯国，都是比较小的封国，每次妇好率领千把人去征伐，基本都能比较轻松地搞定。

但是，有一年，西北河套地区传来急报：有一支强大的异族部队，正对我朝边境大举侵犯。

"对方有多少人？" 商昭问。

"有上万人。"

一瞬间，朝堂安静下来了。

整个朝堂充满了恐慌。

在此之前，中国历史上的战争，如果一方有五千人，那基本都是倾国之重兵了。想当年，商履征伐夏朝，集结了十几个诸侯国的联盟军，加起来也就六千多人。那已经是当时整个东亚大陆最强大的兵力了。

而现在，对方居然有上万人，这是一支多么可怕的军队。

这支军队，就是远古时代的雅利安人。

雅利安人是俄罗斯乌拉尔山脉南部草原上的一个古老的游牧民族。

游牧民族的特点，就是喜欢四处迁移。

他们还有一个特点，就是战斗力十分强悍。

在公元前 14 世纪的时候，一支雅利安人入侵了南亚次大陆西北部，奴役了当地的古达罗毗（pí）荼人，创造了吠陀文化，建立了种姓制度。原来古老的南亚文明，最终灭亡。

另一支雅利安人则入侵了伊朗高原地区，作为世界四大文明古国之一的巴比伦王国，就此灭亡。

可以这么说，但凡是雅利安人侵犯过的地方，那个地方的文明都会随之消失。

劲风过处，寸草不生。

华夏文明，如果从黄帝时期开始，到商昭时期，也不过是一千三百多年。

一千三百多年看起来很长，但在那个时候，华夏文明进展非常缓慢，还是很弱小的，并没有形成一股坚不可摧的文化力量。

所以，如果那时候雅利安人侵占了华夏地区，势必复制他们在南亚地区的政策，强行用吠陀文化代替我华夏文明，华夏文明将从此从这个地球上消失。

中华民族到了最危险的时候！每个人被迫发出最后的吼声！

商昭并没有惊慌，他缓缓从宝座上站了起来，眼光像鹰一样的冷峻，在朝堂上扫了一遍。

他的眼光变得很坚毅。

"命：妇好为大商联盟军总司令，统领一万三千名士兵，征伐异族！"

"我们一定要把那些野蛮的异族，消灭在边境线上！"

"我们只有一个任务：保家卫国！"

"我们只有一个目的：胜利！"

妇好穿着甲胄站了出来。她英姿飒爽，眼神里充满了前所未有的坚定。

"接令！"

此时的大商王朝前所未有地强大，一万三千人，是当时举国一半以上的兵力。

虽然商军总体人数要略多于雅利安军，但事实上，雅利安军的实力要强过商军。

这表现在四个方面：

第一，雅利安人的战车制造水平，远远高于商军。

第二，雅利安人有着十分成熟的冶炼技术，军队普及了青铜兵器，而商军有一部分士兵还拿着原始的木质兵器。

第三，雅利安人的身体素质远远高于商。

第四，雅利安人在常年恶劣艰苦的迁徙征战中，养成了坚韧的性格。

纵观雅利安人在世界各地的军事行动，无不是秋风扫落叶。当地人虽然组织了反抗，但是实力相差太大，根本不足与抗。

现在，面对着这样强大的对手，我们的胜值有多大？

妇好很快率领着军队，浩浩荡荡来到了西北地区。

大漠的风，一次次席卷而过。旌旗猎猎，战马嘶嘶。

妇好驾车奔上一个高坡，目视着前方。

她清醒地知道，中国有史以来最大规模的一次战争，将在这里爆发。

这次战争，将决定着大商王朝的命运，决定着整个华夏文明的命运。

而现在，所有的希望，都寄托在她这个女子的肩膀上。

胜利！

她只有一个目的，就是彻底打败敌人，赢得胜利！

只有胜利，才能生存下去！

只有胜利，才能维护整个大商王朝，以及后世亿万人民的尊严！

她看着那些士兵可爱的脸。

其中有三千士兵是她的本部人马，她对她那三千士兵里的每个人都很熟悉。征战十多年来，她早已把每个士兵都当成自己的亲兄弟。

其他的一万士兵，虽然不认识，但他们每个人都是大商王朝的子民，是她这位母仪天下的王后的子民，他们跟那三千本部人马一样，都是这个王朝坚强的柱石。

可是，这一战，这一万三千名士兵，很可能大部分都将战死沙场。

他们将再也见不到他们的父母、妻儿、兄弟、姐妹。

他们的身体和灵魂，将永远留在这片大漠之上。

但是，他们每个人都是心甘情愿地跟随妇好前来征战。

因为，他们是来保家卫国的。

只有战胜敌人，才能让大后方的父母、妻儿、兄弟、姐妹平安地生活下去。

为了亲人，为了国家，流血牺牲，在所不惜！

"兄弟们，你们怕吗？"妇好高声问道。

"不怕！"一万三千人同时回应，声震九天。

"必胜！必胜！必胜！"

那一刻，妇好与所有的将士们，眼含热泪。

要想战胜敌人，光靠鼓舞士气，是远远不够的。

她命令军队快速制造可以对付敌人的战车与兵器。

针对敌人的战车，我们制造了戈，在跟敌人相遇的时候，把戈抛出去，即可快速将敌人钩下战车。

针对敌人的斧子，我们制造了钺，钺比斧子更加宽大，杀伤力也更足，最适合对付人高马大的雅利安人。

果然，有了这些武器，在跟雅利安人的战斗中，我军至少没有失下风。

当然，每次战斗，我军损失都极其惨重。因为敌人真的是太强悍了。

为了减少士兵的损失，妇好想出了一个绝招：用大型动物去跟敌人厮杀。

我军最大的优势，就是本土作战。

虽然我们前线只有一万三千人，但是，我们大后方，是整个国家在支持我们。

妇好派人去内陆，拉了无数的大象、公牛、老虎、狮子来到战场。

两军对阵时，妇好命令在这些大型动物的尾巴上点了火。动物们尾巴一着火，惊慌失措，朝着敌军一个劲儿地往前冲。

这个时候，敌军无论多么坚固的战车都不再管用，一时之间，战场上敌军一方鬼哭狼嚎，丢盔弃甲。

看到敌军混乱，妇好战旗一挥，我方大军大声呐喊，掩军追杀。

这一战，我军取得了辉煌的胜利。

这一场战争，进行了四五年。

野蛮的雅利安人原以为他们在中国的土地上，也可以像在南亚、西亚一样，用武力快速地征服中国人。

但是，他们错了。

他们低估了我们中国人的勇气、决心和智慧。

他们那一套在南亚、西亚战无不胜的战术，一到了我们中国，顿时就不灵光了。

他们在中国的大地上，除了留下他们的尸首、鲜血、战马、武器外，还留下了他们的恐惧和绝望。

在恐惧和绝望中，这些野蛮的雅利安人，终于撤退了。

胜利！

我们胜利了！

这是在遥远的时代，面对强大的异族入侵，我们中华民族取得的最伟大的胜利！

这一次胜利，让我们的国家和人民幸存了下来，让我们的文明保存了下来。

世界其他三大文明古国——古巴比伦国、古印度国、古埃及国，全部被外来的游牧民族消灭了，文明也随之断裂。

只有我们华夏文明，在面对野蛮势力入侵的时候，以大无畏的英勇和精妙绝伦的智慧，永远地幸存了下来。

并且，将永远地存续下去。

伟大！

伟大的妇好！

伟大的中国祖先们！

这一刻，三千二百年之后的我，写到这里的时候，遥想着那一场抗击外族侵略战争的伟大胜利，仍然激动不已，心潮澎湃！

战争结束了，妇好再一次纵马奔上了那个高坡。

茫茫大漠，遍地沙场，无不是死去的身躯。

上万的大商士兵，都在这场持续多年的战争中，壮烈牺牲。

冷风过处，他们的尸首上飘着袅袅青烟。

妇好完成了她的使命，却留下了这么多的兄弟！

那一刻，妇好心疼得泪流满面。

妇好率领着剩下的不到三千人马，凯旋帝都。

商昭激动了。

傅说激动了。

所有的臣工激动了。

整个大商王朝所有的子民都激动了。

商昭率领文武百官，亲自出城八十里，迎接她的王后兼总司令妇好。

这一天，天下诸侯都跑来见证这一光荣而伟大的时刻。

他们为妇好的旷世军功而叫好，同时也为商昭的威威武功而震撼。

他们全部拜倒在商昭前面，山呼万岁。

他们向一代伟大的帝王致敬！

他们向一个伟大的王朝致敬！

永远记住：只有国家强大，才能赢得天下人的尊重！

回来之后的妇好，病倒了。

长年累月的征战，消耗了她大部分的精力和体力。

虽然她才三十三岁，但是，她感觉身体里所有的血液都流干了。

她把儿子商弓（祖己）和商跃（祖庚）、女儿子妥和子媚叫到身边，万般叮嘱，让他们好生侍奉父王，为王朝出力。

即使在临死的时候，她都没有想到自己，始终为了这个王朝着想。

最伤心的人，当然是商昭。

商昭很爱这个王后，是深入骨髓的爱。

不仅是因为她对这个王朝做出了伟大的贡献，更是因为，她就是他的妻子。

曾经，在她刚刚分娩的时候，他很担心，就占卜："妇好娩嘉？"（她能顺利分娩吗？）

曾经，在她远征敌人的时候，他很担心，就占卜："妇好亡咎？"（她不会有什么灾难吧？）

曾经，在她凯旋的途中，他思念着她，就占卜："妇好其来？妇好不其来？"（她应该快回来了吧？）

后来，在她身体病重的时候，他忧心如焚，就占卜："妇好其延有疾？"（她的病还会拖延下去吗？）

终于有一天，妇好永远地闭上了双眼。

商昭抱着妇好的身子，号啕痛哭。

那一刻，他感觉他的灵魂也跟着妇好一起死掉了。

他为她举行了隆重的国葬，把她葬在自己处理军政大事的宫室旁边。这样，没事的时候，他就可以移步到她的墓地旁看她，跟她说说话儿。

他失去了他这一生唯一的红颜知己，内心时时感到孤独寂寞。

将心比心，他认为她在冥界一个人一定很孤单，所以，他就做了一个惊世骇俗的决定。

他率领所有文武大臣、王公贵族，为妇好举行了三次隆重的冥婚。

他把她的幽魂先后许配给了商滕、商至、商履。

这三位都是雄才伟略的帝王，在他看来，在冥界，只有他们三位才有资格娶她，才有足够的力量去保护她。

每次举行完冥婚，他都会泪流满面。

"妇好啊，妇好，现在，你再也不会孤单寂寞了……你等着，终有一天，我也会亲自来陪伴着你……"

妇好若地下有知，看到商昭如此真诚地爱着她，想必也是含笑九泉了。

我感到奇怪的是，对于如此一位改变了中华民族进程的伟大的巾帼女英雄，为什么我们主流的历史，却几乎对她一字不提？

在我们历史的光荣榜上，如果缺失了妇好，我认为，就是缺失了对中华民族历史的尊重。

无论如何，我们要记住这个光辉的名字：妇好。

妇好带着满腔的遗憾去世了。

但是也带着欣慰去世了。

她欣慰的是，她的大儿子商弓已经被立为帝储，并且十分贤能，将来必定能带领大商王朝走向又一个盛世。

她万万想不到的是，商弓还没来得及继位，便被商昭流放到民间，一命呜呼了。

为什么商昭如此英明神武的人，会如此对待大儿子呢？

这来自他枕边人的一个阴谋。

第二十三章

商载让位

心怀天下，不拘于王位

我们前面说过，商朝的继承制是"兄终弟及"制，但如果一名帝王做出了伟大的功绩，他是有资格把帝位传给儿子的，王室其他成员也都会心悦诚服。

商昭武功赫赫，无人不服，因此，他早早地就把大儿子商弓立为了帝储。

商弓是一个拥有着完美形象的帝储。

他对父母孝顺，对兄弟友爱，对大臣恭敬，对百姓怜悯。

因为经常跟在父亲身边，他对治国之道也颇有心得。

有一次，商昭在祭祀成汤帝的时候，忽然，有一只孔雀飞到了祭祀用的大鼎上面，鸣叫不已。

这是一个很正常的自然现象，但在那个人人迷信的年代，人们把这种现象视为不祥之兆。

商昭是封建迷信头子，看到孔雀站立在大鼎上鸣叫，就担心有不好的事情将会发生。

这时，商弓站了出来，恭恭敬敬地对老爹说了一番治国之道。

主要内容大概是：孔雀鸣鼎，估计是上天见到您常年出兵征伐各地，以致国库空虚，民不聊生。建议父王您一定要勤俭节约，重视国计民生。这样，老天就不会降罪于我朝了。

商昭一听这话，很高兴，觉得这孩子能讲出这样一番大道理来，孺子可教，我真是没看错人。大商王朝后继有人啊！

于是，他对商弓就更加恩宠。

这一切，都让一个人看在眼里。

这个人是商昭的第三任王后，妇嬕（shì）。

妇嬕有一个儿子，名叫商载（祖甲）。

她最大的心愿，就是让自己的儿子坐上帝王的宝座。

所以接下来的情节，基本上我们闭着眼睛都能猜出来。

她经常在商昭枕头边吹风。

刚开始的时候，商昭还只是笑笑，不把妇嫘的话放在心上。

但架不住妇嫘长年累月在枕头边吹风啊，时日一久，商昭疑心就起来了。

这种疑心是什么呢?

最大的可能，就是担心商弓会趁自己年老体衰，提前发动政变，逼迫自己当太上皇。

这种可能性真的不是没有。

商昭二十多岁登基，现在八十多岁。

此时的商弓，已是五十多岁的人了，当了几十年帝储，在妇嫘看来，估计他早就心生不满了，巴不得老爹早点挂掉。

虽然早已立商弓为帝储，这个位置早晚是商弓的，但是作为帝王，商昭最亲爱的，绝对不是儿子，而是手中的权力。

他可以在死后把帝位传给儿子，但绝对无法容忍自己还在世的时候就被儿子逼宫。

虽然儿子逼宫老爹的事在商昭之前的历史上没有发生过，但一切皆有可能，谁能断定商弓不会成为那第一个呢?

帝权面前，没有父子。

商昭很明白这个道理。

于是，他开始疏远商弓，动不动就大声呵斥，叫商弓老实点。

商弓很委屈，他不明白老爹怎么突然就变脸了。

妇嫘看到枕边风效果不错，就加强了风力。

果然有一天，已经快得老年痴呆症的商昭，疑心病彻底发作，直接下令，把商弓放逐到自己年少时待过的农村。

当然，好歹也是自己最宠爱的儿子，商昭并不绝情，仍然保留了商弓的帝储身份。

他的意思是，你小子在农村好好锻炼一番，以后我死了，你再回来继承帝位。

但是商弓没有领会到老爹的真正意图。

在他看来，自己被老爹放逐，就意味着已经彻底失去了老爹的信任，以后再也没机会重返帝都，自己这个帝储的头衔，就是个虚的，没有啥意义。

所有的雄心壮志，在他来到农村的时候，都如一弯流水，尽皆逝去。

从天堂一下子打到地狱，再加上自己也老了，被放逐之后不久，商弓就在悲愤中死去。

听到商弓去世的消息，妇嬛在宫廷里高兴得大笑。

她的计策终于成功了。

她相信商昭一定会把帝位传给儿子商载。

商昭并不喜欢二儿子商跃，觉得这小子傻头傻脑的，没什么才干，把大商王朝的基业交到商跃手里，只怕保不了长久。

他一直都非常喜爱三儿子商载。

在他看来，商载继承帝位，有三个优势：第一，年纪小，才二十多岁，这一点可以保证大商王朝的政局长治久安；第二，很贤明，有志气，颇有自己的风采，很有希望让大商王朝继续繁荣昌盛下去；第三，亲生母亲在世，将来宫廷内部可以保持天然的和谐。

所有的形势都朝着有利于商载的方向发展。

但是，意外还是发生了。

妇嬛辛辛苦苦筹划多年的计谋，一夕之间，尽付流水。

这个意外来自商载本身。

在这个充满了勾心斗角、尔虞我诈的宫廷，商载是一朵出淤泥而不染的白莲花。

他并非对帝位不感兴趣，但是，从小受到良好教育的他，拥有着一种超然的宽广胸怀。

他热爱这个王朝胜过热爱权力。

他从小熟读史书，对九世之乱的那段历史尤其熟稔。

我不是对帝位没兴趣，我是心怀天下。

那长达八十年的乱世，让大商王朝时时都处于一种危如累卵的状态之下。

祖宗创业维艰，他不忍心大商王朝在争权夺利当中衰败下去，最终成为第二个夏朝。

在他看来，维持大商王朝长治久安的最佳手段，就是遵循"兄终弟及"的祖制。

因此，在老爹决定立他为帝储的时候，他婉言谢绝了。

商昭惊呆了，妇嬟更是惊呆了。

商载从容不迫、不慌不忙地说出了自己的道理。

说完之后，一旁的妇嬟放声大哭。

商昭也是眼含热泪。

深明大义的儿子啊！商昭抚着商载的背，只是默默点头。

跪在商昭榻边的商跃，也是十分震惊。

他感动得涕泪齐流。

他跟商载年龄相差很大，从年龄上看，他都可以当商载的爹了。

因为年龄的差距，再加上也不是同一个母亲所生，因此，他跟商载交往并不密切，远远没有跟大哥商弓的关系那样好。

妇嬺的阴谋他早就看穿了，可是他无能为力。一直以来，他都认为，自己绝无可能继承父亲的帝位，这个帝位自从大哥死后，百分之百是留给商载的。

但是，现在，当他看到商载如此深明大义，不顾一己私利，完全是为了大商王朝着想，他深受感动。

他当即也谦让地表示，商载如此胸怀，才干也比我强，当继承大业。

在一番你推我让之中，最终还是商昭做出了决定。

他把帝位传给了商跃。

商跃无法拒绝，在老爹、继母和商载面前，他信誓旦旦地表示：将来我死之后，一定会遵循祖制，把帝位再传给商载。

在我们的印象里，帝王家兄弟间对权力的争夺必定是你死我活的，绝无可能存在谦让之说。

但是，在中国几千年的历史里，还是有少许的例外。

在唐朝的时候，也发生过谦让皇位的事例。

公元684年，武则天废掉三子李显，立四子李旦为帝。李旦登基后，立年仅六岁的嫡长子李成器为太子。

但不久后，武则天又把李旦废掉，自己登基称帝，改国号为周。

后来，李显发动了神龙政变，逼迫武则天退位，李显重新继位。

几年后，韦后杀死李显，意欲自立，大唐王朝眼看又要陷于异姓之手。

公元710年7月，李旦三子李隆基发动了唐隆政变，杀掉韦后，扶持老爹李旦重新上位。

按祖制，李旦上位后，理应立前太子李成器为太子。

但是李成器想到了前朝李世民发动玄武门政变，杀掉太子李建成后自立为帝，此后形成了一个很不好的儿子逼宫父亲的习惯。出于维护大唐王朝长治久安的考虑，同时也是出于保护自己身家性命的考虑，李成器主动把太子之位让给了三弟李隆基。

李隆基很是感动，继位之后，对大哥李成器恩宠有加，两人一辈子保持了真正的兄弟情谊。

李成器死后，李隆基哭得捶胸顿足，并封大哥为"让皇帝"。

商跃即位后，商载立即请辞，离开了帝都。

毕竟，生活不只有眼前的苟且，还有诗和远方。

商载的诗和远方，就是当年老爹待过的农村。

在农村的那段时间里，是商载最幸福的时光。

他挽起裤脚，赤着脚，戴上草帽，扛起锄头，在清晨太阳还没有出来的时候，迎着朝露，跟老百姓们一起说笑着来到田间。

在太阳下，他用力地挥动着锄头。汗水，打湿了他的全身。

晚上，坐在茅屋前，跟邻居们谈着家长里短，身心舒悦。

偶尔，他也会想起从前在宫廷的王子生活。

他不知道商跃是否会兑现承诺，死后把帝位传给自己。

他很期待，但是也不奢望。

如果自己能有机会称帝，那他一定要当一个像老爹那样伟大的帝王，让大商王朝继续繁荣昌盛下去；如果没有机会，那自己就一辈子当一个快快乐乐的农民。

人生就是这样，你不要去强求，活在当下，活出自我。

这样的商载，已经实现了心灵的自由。

商跃是一个平庸的人，他在位七年，基本没干什么大事。

但商跃是一个有自知之明的人，他知道自己没什么才干，所以也不去折腾，很好地守住了这份家业。

能够守成，也算是一个好帝王了。

临死前，商跃兑现了当年的承诺，把帝位传给了商载。

商载雄心勃勃地原本想干一番大事，成为一名像老爹那样伟大的帝王。

但是即位之后，商载惊讶地发现，老爹实在是太能干了，在漫长的五十九年执政时间里，他把要干的基本都干得差不多了。

你说开疆辟土吧，此时大商王朝幅员大得没边，再往外边，差不多就要到海外了。

你说征伐诸侯国吧，现在全国几百个大大小小的诸侯国，每年都按时准点前来进贡，恭顺得不得了，总不能闲着没事随便找个诸侯国打个仗玩玩吧。

你说发展国计民生吧，老爹制定的那一套政策摆在那里，照着执行就行了，压根不需要创新。

商载仰天长叹：爹啊，你太能干了，显得你儿子太无能了。

此时的商载，很郁闷。

照这样下去，他只能当商跃第二，在历史上留下一个庸主的美誉了。

但历史终究还是对他有所偏爱。

他这里走走，那里逛逛，终于有一天，让他发现了一个可以改良的事来。

这就是祭祀。

在商朝，祭祀绝对是王朝头等大事，历代帝王对祭祀那是相当重视。

但细心的商载还是认为，现在的祭祀制度不够完善，需要加以改良。

在商载之前，祭祀的礼仪是不怎么规范的，没什么具体的日期，心血来潮了，或者王朝有啥大事了，就去祭祀一下。

商载真是闲得发慌，和平年代，没有仗打，只有经常搞祭祀才能打发漫长无聊的时间。

于是，他发明了"周祭"。

周祭就是遵循历法，根据天干地支，日日举行祭祀。

划重点，要考的：日日，也就是每天都举行祭祀。

从老祖宗成汤帝开始，二十三个帝王一路祭下来，一直祭到祖庚，大概是九十天的样子，这就是一周。

然后循环往复，周而复始。

在我看来，这真的是闲得无聊透顶之后才去干的事。

但是在历朝历代重视祭祀仪式的帝王、官吏和文人看来，这是一件功德无量的大事，具有划时代的意义。

就因为干了这样一件事，商载被后世誉为贤明之君。

当然，他的贤明之举是建立在发展国计民生的基础上的。在他执政期间，经济发达，国家昌盛，百姓安居乐业。

如果没有这个，他搞周祭，就是个昏君。

荷包蛋刚刚吃的时候，很好吃。但如果你天天吃，我保证你连胃都要吐出来。

周祭刚刚搞出来的时候，商载很开心，天天亲自带领王公大臣去祭祀。

但是时日久了，他就烦了。

太无聊了，该干些什么新鲜事呢？

正他在无聊透顶的时候，边境传来一个好消息：西戎进犯。

异族侵犯边境，对王朝来说，绝对是一件大坏事。

但对无聊透顶的商载来说，却是一件大好事，因为他太渴望像老爹那样建功立业，成为一代雄主了。

遥想几十年前，老爹任命妇好为总司令，率领一万三千人的部队，在西北地区跟雅利安人打了四五年，拯救了王朝，拯救了民族。这一战，让商昭牢牢确立了他大商王朝第一帝王的地位。

如今，西戎来犯，如果能战而胜之，我商载说不定也能像老爹那样，建立威威武功，名垂青史。

稍微有点遗憾的是，西戎的此次进犯，人数不多，也就千把人。跟曾经雅利安人上万人的规模，根本没法比。

但好歹也是一场战争吧。

于是，商载发布了他在位三十三年里第一次，也是唯一次军事命令，任命了一员大将，征伐西戎。

这一次征伐，真是一点悬念都没有。

大军到处，三下五除二，就把西戎给平了，首领也当场斩杀。

虽然远远没法跟商昭征伐了八十一个诸侯国那样伟大的功绩相比，但好歹也是一件功绩。

商载为此高兴了三天。

也只能高兴三天，三天过后，新鲜劲儿过了，就没什么意思了。

这个时候，已经到了执政末期了，商载也六十出头了。

虽然这些年来，他对国计民生一直都很重视，但实际的情况是，很多的奴隶主对奴隶和平民仍然是进行无尽的盘剥，导致很多老百姓生活并没有想象中那么幸福。

想起年轻的时候在农村的那段经历，他决定，修改成汤帝制定的《刑法》。

之前的《刑法》对奴隶主是比较宽松的。

现在，商载担心宽松的刑法会激起老百姓的反抗，导致社会动荡，便着手对《刑法》进行修改，其中的主要内容是对奴隶主的行为进行了严厉的限制，在惩罚上更加严厉苛刻。

不得不称赞的是，商载对底层劳动人民是很有感情的。

一个帝王，把底层老百姓放在心上，这是值得我们尊重的。

然而，让商载万万想不到的是，他修改《刑法》这事，弄巧成拙了。

他修改《刑法》的初衷是希望能在社会上营造出更好的公平机制，让社会维持稳定，维护商朝的统治，根本上还是在维护奴隶主阶级的利益。

但是奴隶主们可没商载那么长远的目光，在他们看来，商载这么一搞，摆明了是想剥夺他们眼前的利益。

这群腐朽的奴隶主们，一旦自己的利益受损，管你是谁，一律进行反抗。

由此，很多的诸侯国居然胆大包天不来进贡了。

你想想，出现不进贡这事还了得？这是国力衰退的迹象啊！人家上门来欺负了啊！

当商载想出手整治的时候，他发现，自己已经有心无力了。

因为，他的身体已经不允许他再去整治了。

公元前1152年，商载带着满心的遗憾，驾崩了。

商载的一生，给人的感觉就是，他有着不输于他老爹的宏图大志，热血激情，也不断地在尝试着去做，但往往一拳打出去，就像打中了一团棉花，没什么反应。

一个伟大的盛世，限制并摧残了他卓越的才华。

这是人民之幸，商载之悲。

商载是一个好人，也是一个好帝王。他生平没有取得多大的功绩，他最为人所称道的，就是遵守祖制，把帝位主动让给二哥商跃。

这个"兄终弟及"制至此已经传了五百多年了，老实说，具有极大的缺陷。

因为它时时刻刻在挑战人性。

人性是自私的。

没有谁愿意把自己的东西无偿地送给别人。

终于有一天，这个古老的继承制，被彻底改良了。

完成这一改良历史任务的，是商载的孙子——商瞿（武乙）。

大商王朝最喜欢折腾的小顽童出世了。

第二十四章

商瞿射神

抵制封建迷信，错吗？

由于商载为大商王朝的稳定与繁荣做出了杰出的贡献，因此，他把帝位传给了儿子商先（廪辛），王室成员都心悦诚服。

商先也是个庸主，在位期间，做的唯一一件值得称道的事，就是改革了中朝和外服的制度。这个制度明确了官员的职责，一定程度上提高了政府系统的运转效率。

商先也比较短命，在位仅仅四年。驾崩后，把帝位传给了弟弟商嚣（庚丁）。

商嚣即位后，西北地区的一些异族趁势屡次侵犯商朝边境。商嚣予以坚决回击。但遗憾的是，征讨多年，并没有完全肃清边境隐患。

公正地说，商嚣执政前期，还是颇有一番作为的。但是到了后期，变得特别迷信，对祭祀那是相当上心，整天神神叨叨的，祈祷老天爷让他多活几年。

尽管商嚣很虔诚，但老天爷并没有搭理他。六年之后，商嚣在悲愤中驾崩。

悲愤的原因是：我对老天爷你付出了这么多，你却没有感动过。

平庸的商嚣不顾王室成员的强烈反对，一意孤行，破坏了祖制，强硬地把帝位传给了儿子商瞿。

很多帝王，你可以用几个字简单地去形容，比如，明君就是英明神武、贤明仁爱，昏君就是昏庸无道、骄奢淫逸。我们一看，清晰明了：哦，原来他是个这样的人。

但是，商瞿这个人，你没法简单地用几个字去形容。

这是一个相当复杂的人。

商朝历代帝王对祭祀都非常重视，尤其是商载和商嚣，完全是走火入魔。

这些帝王从心底里深深地相信一点：天上是存在神仙的，地上是存在鬼魂的，因此，必须对神鬼予以高度的敬重，凡事都要向神鬼请示或汇报。

唯独商翟是个例外的存在。

我记得念初中时，奶奶经常带我去屋对面山上的庵堂里烧香许愿。地上跪满了善男信女，无不是真诚地向神龛上的菩萨祈祷。我虽然也不得已跪在草蒲上，但自诩受过无神论教育的我，对这些封建迷信往往不屑一顾，心里暗暗嘲笑着这些人。

商翟就像那个年少时候的我，内心有着一种压不住的叛逆。

商翟当然没有像我一样接受过无神论教育，但是，他似乎天生就不信装神弄鬼的那一套。

尤其他看到老爹信了一辈子神鬼，最后还不是急急忙忙被阎王爷召去了，这气就不打一处来。

他开始公然地蔑视神鬼。

我记得小时候跟小伙伴们玩泥巴。有一个小伙伴说："看，我捏了一个孙悟空。"另一个小伙伴说："我捏了一个如来佛，比你厉害。"又一个小伙伴说："我捏了一个玉皇大帝，比你们的都厉害。"

那个时候，在我们年幼的心中，我们捏的泥巴，就是真正的神仙，那些神仙是无所不能的。

商翟自小娇贵无比，肯定没玩过泥巴这种很脏的玩意儿。

但是可以肯定，他小时候一定很顽皮。

这种顽皮的个性，在他成为帝王后，丝毫没有减弱。

他叫人制作了一个木偶，然后对大臣侍从们宣称："各位，这就是天神。"

所有的人都面面相觑，不知道这位大哥是什么意思。

紧接着他宣布："我现在要跟这个天神下棋了。"

大家更加蒙了。这玩意儿又不是机器人，自己不会动，请问这怎么下啊？

但是商罢自然有办法。

他随手指着一个侍从说："你，坐在那边，代替天神跟我下棋。"

侍从无可奈何，只得坐下来跟商罢对弈。

只要不是傻子，就知道，跟君主下棋，那是绝对不能赢的，要么输，要么平。你要是敢赢，试试你的眼睛还能不能看到明天的太阳。

结果是显而易见的，侍从肯定输了。

该侍从现在代表的是天神，所以，输的是天神。

商罢大为高兴，得意地看着大家，也不说话。

这时，所有大臣侍从马上知趣地跪下来，对商罢大拍马屁，称大王您真是英明神武，棋艺非凡，天神在您面前，也要弃子认输，俯首称臣。

本来以为这事到这里就算完了，但小顽童商罢同学显然还没玩尽兴。

既然天神输了，就应该受到惩罚。

啊，惩罚天神？您还真够大胆啊！

但现在商罢说了算，该惩罚就得惩罚。

于是，商罢下令，把眼前这个代表天神的木偶一顿暴打，狠狠地羞辱了天神一番。

最后，他终于心满意足了，大笑着离去。

又有一日，商罢心血来潮，决定玩一个更新鲜的游戏。

他那颗充满了奇思妙想的小脑袋，很快就想出了一个奇特的主意。

他叫人制作了一个皮囊，在里面装满了血，然后把皮囊吊到半空中。

然后，他取了一把弓箭来。

所有大臣和侍从都知道，他要箭射皮囊。

大家都屏住了呼吸，看商罢射箭。

同时大家也有点惴惴不安：保佑这位大哥一定要射中，要是射不中，我们都得倒霉。

商罢拉弓，对准半空中的皮囊，"嗖"的一箭，正中皮囊，里面的血"哗啦"全倾泻下来，溅了一地。

大臣和侍从们无不鼓掌叫好，纷纷称赞大王箭法如神。

这时，商瞿笑了，说："我刚才射的是天神，现在，天神已经被我射死了。"

所有人一脸蒙。

大哥，您确定您刚才射的不是皮囊，而是天神？

但这话只能在心里想，绝对不能说出来。

一个大臣开始摇头晃脑地大拍马屁：古有后羿射日，今有大王射天。大王您就是当今的后羿——不，比后羿还要厉害一百倍。因为后羿射的只是日，您射的是天！天当然比日大！

所有人装作恍然大悟，立刻山呼万岁。

商瞿更是得意，他叫那个刚才拍马屁的大臣说："你就是天神。"

该大臣大惊失色，汗流浃背，说："我怎么能是天神呢？"

商瞿说："说你是你就是，不是也是。刚才你已经被我射死了，已经输了，还不赶紧下跪求饶！"

该大臣别的不行，下跪却是强项。一听完，立马下跪，磕头如捣蒜。

接下来，所有大臣和侍从也跪下磕头。

商瞿哈哈大笑："好玩，好玩！"

就因为商瞿干了这两件离经叛道的事，后世史家与文人无不大骂商瞿昏庸无道。

可是，他们忽略了商瞿的另一面：雄才伟略。

要知道，商瞿的谥号是"武乙"。

谥号里有个"武"，这可是相当了不得的，商朝三十位帝王里，只有两位帝王的谥号里有"武"，上一个是商昭，谥号"武丁"。

商昭的赫赫武功已经不用多说了，商瞿虽然没法跟太爷爷相比，但至少说明，他在武功上，是相当卓越的。

商瞿在位时，西部地区有一个诸侯国，名叫旨方国。

旨方国的实力相当强大，它看到商瞿这小子整天游手好闲，吃喝玩乐，并胆敢藐视天神，觉得夺取商朝天下的好机会来了，于是宣布不再进贡。

商瞿虽然玩心很重，成天打猎，可以说一年三百六十五天，他有超过三百天都在打猎，但是，一听到旨方国不进贡，立马停止打猎，手一挥：回宫议事。

议事的结果，就是调集重兵，征伐旨方国。

这个重兵是多少呢？

五千以上。

这已经是规模相当大的兵力了，可见商瞿对旨方国的重视。

大军到处，几场血战下来，商军杀敌上千，俘虏了两千多人，抓回来全部当作奴隶赏给王公大臣。

商瞿在位三十五年，一生南征北战，御驾亲征的次数也是不少。

在他的军事生涯里，几乎没有败绩。

如此赫赫武功，你说他昏庸无道，怎么也说不过去吧。

但商瞿的确是一个很残暴的人，这种残暴体现在他对待被征伐的诸侯国的士兵和百姓上。

一旦征伐完一个诸侯国之后，他经常会下令屠杀那些手无缚鸡之力的百姓和投降的士兵，以泄私愤：叫你们造反，叫你们造反！

因此，后世史家又给商瞿安上了一个罪名：残暴无道。

只不过，他残暴的结果却是：让四方诸侯心悦诚服，死心塌地地臣服于商朝，大商王朝的政局长期处于一种稳定的局面。

或许，商瞿不是一个好人，但是，他是一个了不起的帝王。

自从商旬迁殷以来，时间已经过了一百五十年了。

这时的帝都殷，已经成为东亚大陆最繁华的大都市，是商朝的政治经济文化中心。

事实证明了当初商旬远大的战略眼光，殷作为帝都，对于掌控整个大商王朝的政局和国防，起到了巨大的作用。

但商瞿这个人，不折腾点事出来，是对不起他"小顽童"的称号的。

即位的第三年，他就把帝都迁回了旧都亳。

当然，亳也是相当伟大的帝都，迁回这个地方也不算差。

但商瞿在亳待了十二年，又开始折腾了，这次他把帝都迁到了沫（mèi，今河南省鹤壁市淇县）。

在执政后期，商瞿深刻地洞见了商朝五百年来"兄终弟及"制的缺陷。

自私的人性是不可挑战的。

只有迎合人性，才能求得王朝的稳定。

于是，他用他三十五年南征北战积累起来的武功与威名，强行修改了大商王朝的继承制：打从今天起，废除"兄终弟及"制，改为"父死子继"制。

他庄严地宣告：以后，只要我大商王朝存在，那帝王的位子，就永远是我商瞿这一脉的直系子孙才有资格继承。

在他的威严之下，所有王公大臣瑟瑟发抖。

他们拜伏在地上，头都不敢抬。

公元前1113年，传来一个消息：北方某诸侯国不服，拒绝进贡。

商瞿笑了。

有些日子没出去打仗了，总算又来了个练手的。

于是，他下令，自己御驾亲征。

大军一到，战争没有任何悬念，该国投降。

商瞿接受了投降，但是，他下令把该诸侯国老百姓屠杀了一批。他是杀给天下诸侯国看的，意思是你们不要动不动就玩不进贡这种把戏。我还年轻，才五十多岁，有的是时间陪你们玩。

天下再次震动。

征伐结束之后，商瞿班师回朝。

凯旋的路上，他在车辇中已经计划好了，到哪里去打猎。

按照传统的礼仪，凯旋之后是要去祭祀的，但他没那个心情，打猎比起祭祀来，重要得多。

事实上，在商瞿执政的这三十五年时间里，他已经很多年没有正儿八经地去祭祀过了。

大商王朝建立以来，主持祭祀的祭司可以代替上天发号施令，很多时候，帝王不得不听命于祭司。毫无疑问，这对帝王的权力是一个巨大的限制。

商瞿之所以蔑视神鬼，不搞祭祀，目的很简单，他要把帝权置于神权之上。

打从他开始，一切都是帝王说了算，而不是看老天爷的脸色。

凯旋的部队来到了渭河流域一带。

他叫停了部队，因为他要打猎了。

他骑上高大的骏马，率领着一支侍卫队，在山间快乐地追逐着猎物。

他箭法如神，射中了很多的猎物。今天又是一个丰收的日子。

他心情大好。

正打得起兴，忽然天变色了，乌云压顶。

紧接着，天上轰隆隆开始打雷，并伴有闪电。

他抬头看了一眼。

就是这一瞬间，一道雷电在他头上炸开了。

这声雷，直接就爆掉了他的头。

一代雄主商瞿，就这样，活生生给雷劈死了。

你说他是好人吧，他还真不是什么好人，手上沾满了无数无辜老百姓的鲜血。

但是他的的确确又为维护大商王朝的统一与稳定做出了卓越的贡献。

看到商瞿被雷劈，很多的巫师与后世史家开心得手舞足蹈：叫你

不信神，叫你不信神！现在遭报应了吧？

对此我真的很无语。

不懂自然科学，真的是很愚蠢啊。

但是我也对商瞿被雷劈这事感到很无奈。

我只能说：商瞿先生，这就是你的命，是命来找你了。

在商瞿第一次迁都后，也就是公元前 1144 年，有一个人从遥远的西部地区跋山涉水前来朝觐他。

这个人的名字，叫周亶（公亶父）。

商瞿一高兴，就赏了块地给他。

这块地，名叫周原（今陕西省宝鸡市扶风、岐山一带）。

早在商瞿的爷爷商载老先生执政后期，商朝已经在走下坡路了。

周亶觐见完商瞿后，审时度势，慢慢就有了异样的想法。

他开始想复制商履谋取夏朝天下的成功案例。

推翻商朝，夺取天下，建立大周王朝！

所以接下来，又是一个关于野心的故事。

这个野心，持续了整整四代人。

捧读文化
触及身心的阅读

出 品 人　张进步　程　碧

责任编辑　黄　伟
特约编辑　张浩淼
封面设计　吉＆果
内文排版　张晓冉
书名字体　莫意闲书装设计